1,50

# EICHBORNS TASCHEN-UNI

# PFERDE
# UND
# PONYS

D1324025

Eichborn

Die englische Originalausgabe erschien unter dem Titel
*Horses and Ponies* bei HarperCollins Publishers Ltd.
Autorin: Caroline Silver
Übersetzung: Susanne Scharnowski
Illustrationen: Christine Bousfield
Herausgeber der deutschen Ausgabe: Hermann Rotermund

Die Deutsche Bibliothek – CIP-Einheitsaufnahme

**Pferde und Ponys** / Caroline Silver. Aus dem Engl. von
Susanne Scharnowski. Ill. von Christine Bousfield. –
Frankfurt am Main : Eichborn, 1994
  (Eichborns Taschen-Uni)
  ISBN: 3-8218-0625-7
NE: Silver, Caroline; Scharnowski, Susanne [Übers.];
Bousfield, Christine

© HarperCollins Publishers Ltd.
© Vito von Eichborn GmbH und Co. Verlag KG,
Frankfurt am Main,
Umschlaggestaltung: Rüdiger Morgenweck
Satz: TechnoScript, Bremen
Druck und Bindung: Amadeus S.p.A., Rom
ISBN: 3-8218-0625-7
Verlagsverzeichnis schickt gern:
Eichborn Verlag, Kaiserstraße 66, 60329 Frankfurt

# Inhalt

# Die Evolution des Pferdes

Das Pferd gibt es 30 Millionen Jahre länger als den Menschen. Seine früheste Form, das *Hyracotherium*, sah einem Pferd unserer Zeit allerdings in keiner Weise ähnlich: Es erreichte eine Höhe von ungefähr 30 cm, hatte vier Zehen an den Vorderfüßen, drei an den Hinterfüßen und erinnerte eher an einen Foxterrier.

Aufgrund zahlreicher Knochenfunde im Süden der Vereinigten Staaten gilt es als relativ sicher, daß das *Hyracotherium* von dort stammt. Wahrscheinlich wanderte es nach Asien und Europa, bevor die Bering-Straße den nordamerikanischen Kontinent von Asien trennte.

Das *Hyracotherium* ist allgemeiner bekannt unter dem Namen *Eohippus*, was wörtlich ›Pferd der Morgendämmerung‹ bedeutet. Lebend wurde es auf der Erde zuletzt vor ca. 40 Millionen Jahren gesehen – allerdings nicht vom Menschen, denn dieser existierte noch nicht. Ihm folgte in der Entwicklung der *Orohippus* und der *Epihippus*, die einen ähnlichen Knochenbau, aber ein funktionstüchtigeres Gebiß hatten. Diese machten im Laufe der nächsten 15 Millionen Jahre Platz für die zwei größeren Arten *Mesohippus* und *Miohippus*, die ihr Gewicht auf dem mittleren Zeh der nunmehr dreizehigen Füße verlagert hatten, sowie für den *Merychippus*, welches längere Mahlzähne besaß.

Das erste vollbehufte Pferd war der *Pliohippus*. Er stand mit seinem ganzen Gewicht auf dem mittleren seiner drei Zehen, dessen Nagel sich zur Wand des Hufs

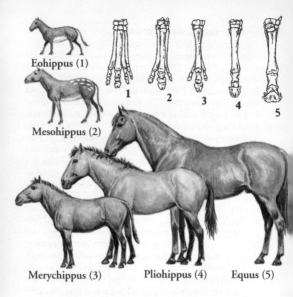

**Eohippus (1)**

**Mesohippus (2)**

1  2  3  4  5

**Merychippus (3)**  **Pliohippus (4)**  **Equus (5)**

umgebildet hatte, und sah heutigen Pferden einigermaßen ähnlich. Er hatte sich schon zum *Equus* weiterentwickelt und eine Schulterhöhe von über 120 cm erreicht, als der *Homo sapiens* das erste Mal auftauchte.

Funde des *Equus* deuten darauf hin, daß es, wie *Eohippus*, seinen Ursprung in Nordamerika hatte. Von dort wanderte es nach Südamerika, Asien, Europa und Afrika. Ungefähr vor 8000 Jahren starb es als erkennbare Rasse aus, doch seine Nachkommen paßten sich an die unterschiedlichen klimatischen und geographischen Bedingungen an und wurden so die Vorläufer der heutigen Pferde. Die enorme Artenvielfalt des *Equus caballus*, wie wir es heute kennen, entwickelte sich aus drei Grundarten des *Equus*: den vorgeschichtlichen Arten des Steppen-, Wald- und Plateaupferdes.

Der **Steppen-Typus**, zu dessen unmittelbaren Nachfahren das Przewalski-Pferd (S. 178) gehört, besaß einen großen Kopf mit langen Ohren, einem langgezogenen Gesicht und einem konvexen Profil. Sein Rumpf war kurz und kräftig, und er hatte schlanke Gliedmaßen, schmale Hufe sowie eine bürstenähnliche Mähne auf einem dicken Hals. Seine Schnelligkeit und Beweglichkeit sind zweifellos der Grund für das Fortbestehen dieser Art.

Der **Wald-Typus** war schwerer und langsamer in seinen Reaktionen. Er hatte breite Hufe, mit denen er sich auf weichem Sumpfboden gut fortbewegen konnte. Sein Kopf war breit und kurz, zwischen den Augen konkav und am Maul konvex geformt, was zum Weiden an jungen Trieben in Augenhöhe sehr praktisch war. Sein Fell war dick und haarig und häufig mit Punkten oder Streifen versehen, die das Pferd im Halbschatten des Waldes tarnten. Er hatte Angst vor Wasser, vermutlich, weil zwischen den Bäumen bei den Trinkstellen häufig Verfolger lauerten. Diese Art ist jetzt ausgestorben, doch seine Nachfahren leben im Typus des gutartigen, etwas langweiligen Kaltblutpferdes weiter.

Der **Plateau-Typus** hatte einen kleinen, schmalen Kopf mit kleinen Ohren und großen Augen, einen leichten Körperbau sowie lange, schmale Gliedmaßen. Die Form seiner Hufe lag zwischen der langen, schmalen Hufe des Steppenpferdes und der breiten, runden Hufe des Waldpferdes. Man hält diese Pferde für die Vorfahren aller heutigen leichteren Pferde- und Ponyarten.

Die meisten Pferde haben sich seit diesen drei Urformen stark weiterentwickelt, und die heutigen Rassen entstanden nicht ganz von selbst. Der Mensch züchtete sie bestimmter Eigenschaften wegen, wie z. B. Geschwindigkeit, Robustheit, Kraft, Beweglichkeit oder Schönheit. Es gibt heute so viele Pferderassen, daß es mitunter schwierig ist, sie voneinander zu unterscheiden.

# Pferdetypen

Die folgenden Typen sind keine Rassen in dem Sinne, daß beide Elternteile gleicher Abstammung sind. Es sind eher Idealtypen, die das Resultat zufälliger Kreuzungen sein können.

## COB

Cobs sind stämmige Packpferde (oder größere Ponys) mit einer Höhe von 140-152 cm Stockmaß. Sie verfügen über ein intelligentes, ruhiges und liebenswertes Temperament.

# HACK

Der Hack, den man zu den Pferden der Vergangenheit rechnen könnte, würde er nicht immer noch Preise bei Turnieren gewinnen, war einst das Pferd der modebewußten Dame. Der Hack ist ein ziemlich kleines Pferd mit einem Stockmaß bis zu 153 cm. Er wirkt elegant, aristokratisch, ist leicht gebaut und hat schlanke Beine, mit denen er gleichmäßige Schrittbewegungen ausführt. Es dominieren Braune, Schwarzbraune und Rappen, doch auch Füchse und Schimmel sind akzeptabel.

Die preisgekrönten europäischen Hacks sind normalerweise kleine Vollblutpferde. In Amerika dagegen rekrutiert sich dieser Typ fast ausschließlich aus Saddlebreds. In beiden Fällen handelt es sich um ein schönes, leichtes Reitpferd.

## TURNIERPONY

Turnierponys sind gewissermaßen ›Kinder-Hacks‹. Für größere und kleinere Kinder gibt es sie in drei Größen: bis 120 cm Stockmaß, bis 132 cm Stockmaß, und bis 142 cm Stockmaß.

Man beurteilt sie vor allem nach ihrer Schönheit, ihrem Charakter (sie sollten als Reittiere für Kinder ruhig und zutraulich sein) sowie nach dem Gleichmaß und der Eleganz ihrer Bewegungen im Schritt, Trab und Galopp. Der edle Körperbau und die schlanke Linie werden bei dieser Art ebenfalls sehr bewundert. Preisgekrönte Turnierponys sind meist von Welsh- oder Vollblut-Abstammung.

# VIELSEITIGKEITS-PFERD

Ein Pferd, das man bei Vielseitigkeits-Prüfungen sieht, muß für den ersten Teil dieser dreitägigen Veranstaltung, die Dressurprüfung, vor allem gehorsam sein. Es muß außerdem Mut haben, damit es die zweite Phase übersteht, eine Strecke von ca. 27 km mit Hindernissen, auf der Ausdauer und Sprungfähigkeit getestet werden. Und es muß so viel Kraft besitzen, daß es trotz der Erschöpfung auch noch die dritte Phase bewältigt, die Sprungprüfung.

Für diese Sportart werden Pferde jedes Typs und jeder Größe zugelassen. Das ideale Vielseitigkeits-Pferd mißt knapp über 160 cm Stockmaß und wegen der Schnelligkeit, die das Pferd für den Ausdauertest benötigt, handelt es sich meist um Vollblutpferde bzw. Vollblut-Kreuzungen.

## DRESSURPFERD

Jedes gesunde, leicht lenkbare Pferd oder Pony ist für die Dressur geeignet, vorausgesetzt, es hat einen geübten Reiter. Es gibt keine Maßstäbe dafür, welcher Typ an Dressurwettkämpfen teilnehmen darf. Um in der Weltspitze Erfolg zu haben, sollte ein Pferd allerdings über eine ausgeprägte körperliche Erscheinung verfügen. Das Fell sollte nicht gemustert sein (Schecken und Tiger z. B. sind unerwünscht), da sonst die Aufmerksamkeit von dem Können des Pferdes abgelenkt wird.

Erfolgreiche Dressurpferde sind meist Braune, Schwarzbraune oder Füchse vom Karossier-Typ mit einer Größe von 160-180 cm Stockmaß. Korrekte Bewegungen sind natürlich eine Grundvoraussetzung. Pferde aus Holland und Deutschland (z. B. Hannoveraner oder Oldenburger) mit Vollblut-Einschlag, der zusätzlich Anmut und Feuer verleiht, sind besonders beliebt.

## SPRINGPFERD

Beim Springreiten werden Pferde jeder Größe und jedes Typs eingesetzt. Es gibt kein Rezept für die Aufzucht von Pferden, die später mit Freude und ohne Angst über hohe Hindernisse springen. Wenn aber die Leistungen eines Pferdes gleichmäßig überzeugend sein sollen, muß

es vor allem kerngesund sein und über eine ausgeprägte Hinterhand verfügen, da diese für die Sprungkraft entscheidend ist. Es gibt jedoch auch kleine, flinke Pferde, die extrem wendig sind und wie eine Katze springen können.

Erstklassige Springer zeigen vollen Einsatz, wenn es gilt, über scheinbar unüberwindliche Hindernisse zu gelangen, haben Freude an ihren eigenen Leistungen und Gefallen am Applaus.

## POLOPONY

Ponys für das Polospiel müssen flink, reaktionsschnell und beweglich sein. Sie haben meist eine Größe von 150 cm Stockmaß und sind daher strenggenommen eher

Pferde als Ponys. Die Rassenzugehörigkeit eines Poloponys ist unerheblich, doch die besten unter ihnen sind oft Criollos oder Vollblutpferde.

Herausragende Poloponys beherrschen das Spiel oft besser als ihre Reiter und sonnen sich regelrecht im Beifall ihres Publikums.

## RENNPFERD

Ein Pferdestar gibt auf der Rennbahn alles, um als Erster ins Ziel zu gelangen. Zwar handelt es sich bei den meisten Rennpferden um eigens für diesen Zweck gezüchtete Vollblutpferde, doch es gibt Ausnahmen.

Seit mehr als 5 000 Jahren testet der Mensch das Pferd schon auf seine Schnelligkeit, also 4 800 Jahre länger, als

es das Vollblut gibt. Bei Vorformen des Rennsports, wie etwa der von den Hethitern praktizierten Variante, ließ man die Pferde dürsten und band sie dann los, um zu sehen, welches zuerst das Wasser erreichte.

Der moderne Rennsport umfaßt Trabrennen, Quarter-Horse-Rennen, Araber-Rennen und in Amerika sogar Rennen mit Shetland-Ponys. Und solange der Mensch Pferde miteinander wetteifern läßt, wird er vermutlich auch Wetten über den Sieger abschließen.

## JAGDPFERD

Ein Jagdpferd muß so kräftig sein, daß es einen Reiter den ganzen Tag tragen kann. Für Wettkämpfe werden die Pferde je nach ihrer Leistungsfähigkeit in Gewichtsklas-

sen unterteilt: Leichtgewicht (trägt bis zu 79 kg), Mittelgewicht (trägt bis zu 89 kg) und Schwergewicht (trägt
über 89 kg). Außerdem gibt es kleine Jagdpferde (142-
152 cm Stockmaß) und leichtgewichtige Damen-Hunter.

Ein gutes Jagdpferd ist tapfer, intelligent und gehorsam. Körperlich gibt es jedoch Unterschiede: Pferde, die
die Äcker durchwaten, müssen stämmig sein und breite
Hufe haben; um sich gewandt durch Hügellandschaf-
ten zu bewegen, müssen sie behende sein und kräftige
Lungen besitzen, und um über flaches Grasland zu laufen, sollten sie schnell sein und gut springen können.

## KUTSCHPFERD

Bei Fahrturnieren werden besonders behende und intelligente Pferde des Karossier-Typs verwendet, dessen Vertreter noch vor 100 Jahren dazu diente, Passagierkutschen über unebene Wege zu ziehen. Da man Pferdewagen heute fast nur noch zu sportlichen Zwecken oder zum Vergnügen fährt, sind die Zugpferde unserer Zeit leichter und weniger kräftig als die Kutschpferde der Vergangenheit.

Schwerer gebaute Pferde vom Karossier-Typ sieht man jedoch auch heute noch bei Zeremonien verschiedenster Art. Diese Pferde werden vor allem ausgewählt, weil sie sich nicht aus der Ruhe bringen lassen, und auch speziell in dieser Hinsicht trainiert, zumal für die heutigen, zunehmend leichteren Wagen nicht mehr so viel Kraft nötig ist.

# KALTBLUTPFERD

Die gewaltige Kraft der vielen heute als Kaltblutpferde bezeichneten Abkömmlinge des primitiven Waldpferds wirft die Frage auf, welche Folgen es hat, wenn der Mensch ein Tier zuerst für einen ganz bestimmten Zweck züchtet und es dann durch den technischen Fortschritt überflüssig wird.

Kaltblutpferde werden seit etwa 1 000 Jahren gezüchtet. Sie dienten zunächst dazu, das enorme Gewicht der schwer gerüsteten Ritter zu tragen. Diese Pferde waren zwar nicht ganz so groß und schwer gebaut wie die heutigen Kaltblutpferde, doch sie galten als die ›großen‹ Pferde des Mittelalters. Aufgrund ihres Umfangs waren sie langsam und schwerfällig, was dazu führte, daß ihre Reiter in der Schlacht das Nachsehen hatten, sobald sie auf eine flexiblere Armee mit kleineren, besser zu manövrierenden Pferden stießen.

Dennoch wurden diese gutmütigen Pferderiesen des Mittelalters durch spätere Zuchtbemühungen immer größer und schwerer. Im Lauf der letzten 500 Jahre spannte man sie vor Pflüge, mit denen sie harten Boden durchfurchten, ließ sie dicke Baumstämme durch das Unterholz und Wagen mit Lasten aller Art ziehen. In manchen Teilen Nordamerikas kann man auch heute noch schwere Pferdegespanne sehen, die Mähdrescher ziehen. Kein Wunder, daß die ›Pferdestärke‹, PS, zu einer Maßeinheit für Kraft wurde.

Die Zeit der schweren Zugpferde ist zwar generell vorbei, doch einige finden noch Verwendung in Gegenden, die für Motorfahrzeuge zu kalt oder zu unwegsam sind. Andere werden zum Vergnügen gehalten, und die schönsten sind heute Statussymbole derjenigen Brauereien, die einst auf starke Kaltblütler angewiesen waren.

# Die Haltung und Pflege des Pferdes

## Pferde verstehen

Ein Pferdekenner kann den Standpunkt des Pferdes verstehen. Er weiß, worüber ein Pferd sich aufregt und wie man es wieder besänftigen kann. Es wäre schön, wenn das Pferd umgekehrt auch wüßte, was in seinem Herrn vorgeht; doch dies kommt nur bei sehr einfühlsamen Pferdehaltern vor. Die meisten Reiter sind an die Signale der menschlichen Welt gewöhnt, und mitunter entgeht ihnen, daß Pferde sich an anderen, einfacheren Richtlinien orientieren.

Zahme Pferde, wie verhätschelt sie auch sein mögen, besitzen immer noch die Instinkte des Wildpferdes. Der wichtigste von ihnen ist die Angst: Ein Wildpferd überlebt, indem es vor jeder Deckung scheut, weil sich darin ein Angreifer verbergen könnte. Das gilt auch für sehr kleine mögliche Verstecke, wie etwa eine sich bewegende Papiertüte. Im Zweifelsfall scheut das Pferd; ist es beunruhigt, läuft es schnell weg, und sitzt ein Angreifer auf seinem Rücken, wirft es ihn ab. Der Mensch mag denken, daß das Pferd zum Reiten geschaffen sei – ein Pferd sieht das vermutlich anders.

Um einem Pferd die Angst zu nehmen, aber auch grundsätzlich, sollte man im Umgang mit ihm freundlich und bestimmt sein. Anweisungen sollten klar und geduldig erteilt werden, und jegliche Schärfe des Tones sowie plötzliche Bewegungen werden am besten vermieden. Alle Pferde sind empfänglich für einen leise dahinplätschernden Redefluß. Ebenso beruhigend wirkt ein über den Hals streichender Arm, der schwer auf der Mähne ruht. Dies ähnelt der Geste, mit der ein anderes Pferd ihm den Kopf auf den Hals legt.

Ein weiterer wichtiger Instinkt ist der Herdentrieb. Pferde leben wie Menschen in Gemeinschaften, in denen die einzelnen voneinander abhängig sind und aus denen sie Bestätigung und Geborgenheit ziehen. Ist ein Pferd isoliert, wie das heute oft der Fall ist, vereinsamt es und wird nervös. Selbst das beste Reitschulpferd wird unruhig und scheu, wenn man es von seinen Gefährten trennt. Pferde brauchen Gesellschaft, und selbst ein Esel, eine Ziege oder sogar eine Kuh machen eine einsame Koppel erträglicher. Viele Menschen, die es sicher gut meinen, richten eine Menge Schaden an, indem sie glauben, ein eigener Weideplatz sei für Pferde ein Paradies.

Pferde brauchen einen regelmäßigen Tagesablauf und werden durch Abweichungen leicht irritiert. Möchte man also, daß ein Pferd sich wohl fühlt, sollte man es zum Beispiel immer morgens um sieben füttern, um zehn Uhr reiten und um vier Uhr nachmittags von der Koppel holen. Hält man diese Routine nicht ein, könnte es sein, daß das Pferd sich fragt, ob etwas nicht stimmt.

Ein Pferd, das in eine neue Umgebung gebracht wird, benötigt ein bis zwei Wochen, um sich an sie zu gewöhnen, genau wie ein Mensch. Ein guter Pferdehalter wird zunächst an die frühere Routine des Pferdes anknüpfen und Veränderungen nur allmählich einführen, damit sich das Pferd an seinen neuen Tagesablauf gewöhnen kann, bevor es zur Leistung angehalten wird.

Pferde lernen durch Assoziation und behalten alle unangenehmen oder irritierenden Vorfälle seit ihrer Geburt im Gedächtnis. Pferdekenner wissen, daß jedes Tier eine eigene Vorgeschichte hat, die gute Gründe für seltsame Verhaltensweisen beinhalten kann. Außerdem beziehen sich die Erlebnisse eines Pferdes natürlich einzig und allein auf die Pferdewelt – es wäre verkehrt, wenn der Mensch etwas anderes erwartete.

Genau wie Menschen haben auch Pferde unterschiedliche Charaktere. Die meisten Pferde geben ihre Stimmungen deutlich zu erkennen, doch ist dies nicht immer der Fall. Wenn man glaubt, man sollte einem friedlich dreinblickenden Pferd schleunigst aus dem Wege gehen, tut man es lieber – auch Menschen haben Instinkte!

## Die Haltung des Pferdes auf Gras

Ein Pferd, das sich ausschließlich von Gras ernährt, benötigt pro Jahr etwa drei Morgen Weideland, von denen ein Morgen (0,405 Hektar) für die sofortige Verwendung eingezäunt wird, während die anderen beiden ruhen. Ponys können normalerweise mit einem Morgen guten Weidelandes pro Kopf auskommen. Am besten ist es, jede der drei Koppeln vier Monate hintereinander zu beweiden, möglichst in einem Zwei- bis Dreijahreszyklus. So kann das Weideland sich regenerieren, und man hat außerdem die Gelegenheit, Heu zu machen oder Grünfutter zu schneiden.

Pferde haben die Angewohnheit, die besten Stellen der Weide abzugrasen und die schlechteren als Toilette (Geilstellen) zu benutzen. Läßt man abwechselnd Rinder auf dem Gelände grasen, so wird das Gras kurz gehalten, und zugleich wird verhindert, daß die Weide durch Parasiten auf den Geilstellen ›pferdekrank‹ wird. Steht kein Vieh zur Verfügung, sollte man das Unkraut regelmäßig mähen und die Pferdeäpfel entweder täglich aufsammeln oder das Gelände durcheggen, um sie zu verteilen.

Der Zaun muß regelmäßig inspiziert werden. Ein Pferd könnte durch eine beschädigte Stelle ausbrechen oder sich an losem Stacheldraht verletzen. Das Tor muß so breit sein, daß ein aufgeregtes Pferd schnell hindurchlaufen kann, und als Vorsichtsmaßnahme gegen neugierige Pferde sicher verschlossen werden.

Ein Pferd braucht Schutz gegen Wind und Sonne. Hohe Hecken oder Bäume können diesen Zweck erfüllen, doch am besten ist ein überdachter, dreiwandiger Unterstand, dessen Rückseite den Wind abhält.

Auch frisches Wasser ist für Pferde sehr wichtig. Wenn kein klarer Bach durch die Koppel fließt, behilft man sich mit einem Wassertank, der durch eine Wasserleitung gespeist wird. Ist keine vorhanden, nimmt man einen alten Tank oder eine Badewanne und säubert das Gefäß mindestens einmal in der Woche, damit das Wasser nicht absteht.

Einheimische Ponys überstehen auch den härtesten Winter ohne Stall, vorausgesetzt, man beläßt ihr Fell in seiner natürlichen Länge und bürstet den schützenden Staub nicht aus. Für diese Tiere ist es am gesündesten, wenn sie draußen leben, da sie sich in stickigen oder zugigen Ställen leicht erkälten. Dies gilt für die meisten Pferde mit dickem Winterfell. Bemerkt man jedoch, daß ein Pferd vor Kälte zittert, sollte man es hineinbringen.

In den Wintermonaten braucht ein Pferd oder Pony, das mit Gras gefüttert wird, so viel Heu, wie es fressen kann. Beginnt das Gras im Herbst zu welken, fängt man mit $1/4$ Ballen (etwa 5,5 Kilo) an und füttert zu, sobald das Tier alles auffrißt. Wenn es schneit, füttert man doppelt so viel, und das zweimal täglich. Ein auf Höhe des Pferdemauls angebrachtes und vorzugsweise überdachtes Heunetz bietet Schutz vor Regen und verhindert, daß das Heu vom Pferd zertrampelt wird. Arbeitspferde brauchen als Ergänzung Hafer oder Fertigfutter.

Die Hufe sollten täglich inspiziert und eingetretene Steine entfernt werden. Auch der Zustand des Hufeisens muß regelmäßig überprüft werden. Ein Pferd ist ohne intakte Hufe nicht leistungsfähig. Die meisten Pferde brauchen alle sechs Wochen neue Hufeisen, doch das sollte man im Einzelfall mit dem Hufschmied besprechen.

Sprießt im Frühjahr das neue Gras, müssen die Pferde beobachtet werden. Vor allem einheimische Ponys sind instinktiv gierig, da sie Tausende von Jahren ihr Futter auf magerem Weideland suchen mußten. Sobald sie saftiges Gras bekommen können, überfressen sich die Tiere oft und können ernsthaft erkranken.

Die Ernährung muß ausgewogen sein, denn Pferde leben nicht nur von Gras. Sie brauchen eine Mischung verschiedener ›Kräuter‹ wie z. B. Brombeerranken, Löwenzahn und Hagebutten. Wenn die Weide keine ausgewogene Mischnahrung hergibt, versorgt ein Salzleckstein die Pferde mit den meisten notwendigen Mineralstoffen.

Manche Kräuter können für Pferde jedoch giftig sein. Man muß also herausfinden, welches die giftigen Kräuter sind und wie man sie erkennt, und dann die Weide daraufhin untersuchen.

**Der Stall**

Ein Stallpferd verbringt bis zu 23 Stunden am Tag drinnen. Deshalb ist der Ausblick vom Stall aus sehr wichtig. Ein Pferd fühlt sich am wohlsten, wenn es viel zu sehen hat, besonders, wenn dies andere Pferde einschließt. Gelangweilte und isolierte Pferde entwickeln alle möglichen Unarten. Man sollte das Pferd daher so oft wie möglich besuchen und es auf die Koppel bringen, wann immer es geht. Außerdem sollte man es zur Förderung der Durchblutung regelmäßig striegeln.

Stallpferde werden drei- bis viermal am Tag gefüttert und getränkt, und der Stall muß mindestens einmal am Tag ausgemistet werden. Eine Futterschüssel auf dem Boden genügt meist; allerdings besteht die Gefahr, daß das Pferd sie umwirft. Bei einer befestigten Futterkrippe muß darauf geachtet werden, daß sie hoch genug hängt, damit das Pferd seine Hufe nicht hineinbekommt, aber nicht so hoch, daß Fressen zum Problem wird. Heuraufen oder - netze sollte man auf Augenhöhe des Pferdes anbringen, um zu vermeiden, daß die Beine sich darin verfangen.

Der Stallboden sollte wasserfest und, zur Entwässerung, leicht geneigt sein. Am besten bedeckt man ihn mit sauberer Streu. Damit es keine Überschwemmungen gibt, sollte er etwas höher liegen als der Boden außerhalb des Stalles.

Eine gute Belüftung ist von entscheidender Bedeutung: Geteilte Stalltüren sorgen für viel frische Luft und schützen dabei vor Zugluft, Kippfenster lassen zusätzlich Luft und Licht ein. Sie sollten jedoch weit in die Wände hineingesetzt oder mit Stangen geschützt sein, damit das Pferd sie nicht zerbrechen kann. Direkt nach draußen führende Stalltüren sollten mit einem Vordach versehen sein, das Sonne und Regen abhält.

Der Stall selbst sollte aus widerstandsfähigem Material bestehen. Unter einem Blechdach würde das Pferd bei Hitze förmlich gegrillt und bei Regen durch das Geräusch aufschlagender Regentropfen am Schlaf gehindert werden.

Laufboxen – im Gegensatz zu Boxen, in denen das Pferd angebunden wird – sind bei weitem die beste Unterkunft. Sie sollten so geräumig sein, daß ein Pferd sich frei bewegen kann und seine Beine nicht eingeklemmt werden, wenn es sich hinlegt oder auf dem Boden wälzt. Eine Laufbox sollte mindestens eine Größe von 9 m² haben – je größer, desto besser. Die Tür darf nicht niedriger als 2,80 m sein, damit das Pferd nicht mit seinem Kopf anstößt, und der Innenraum sollte für eine gute Belüftung mindestens 3,60 m hoch sein.

Stallreihen sind für das Pferd interessanter, wenn die Trennwände so niedrig sind, daß es von der Box aus seine Nachbarn sehen kann. Die Wände müssen aber mindestens 1,80 m hoch sein, um zu verhindern, daß das Pferd ausschlägt, und bis zu einer Höhe von 2,40 m mit Stangen versehen sein, damit die Pferde einander nicht beißen. Die Position der Futterkrippe ist ebenfalls wichtig: Schwache Esser fressen oft mehr, wenn sie mit ihren Nachbarn in Sichtweite um die Wette fressen können.

Wo viele Pferde gehalten werden, sind geräumige Scheunen ziemlich beliebt. Hier leben viele Pferde unter einem Dach und stehen einander an einem Mittelgang gegenüber. Allerdings kann eine Scheune bei Belüftung und Kondensation Probleme bereiten.

Beim Bau eines Stalls ist es sinnvoll, den Rat des Tierarztes einzuholen, der die Pferde betreut.

## Tägliche Routine

Stallpferde brauchen jeden Tag ein bis zwei Stunden Bewegung. Früher ließ man das Pferd sonntags im Stall, wodurch jedoch eine Muskelstarre ausgelöst wurde, die man als ›Feiertagskrankheit‹ (Kreuzschlag) bezeichnete. Man sollte besonders Pferde, die am vorigen Tag viel bewegt wurden (z. B. Jagd- oder Rennpferde), auf der Koppel laufen und grasen lassen oder sie eine halbe Stunde lang ausführen. Ein freier Sonntag ist nach einer ›menschlichen‹ Arbeitswoche angemessen, für ein Pferd ist er jedoch schädlich.

Am gesündesten ist es für Pferde, wenn sie jeden Tag mehrere Stunden bewegt werden, und sie sind am zufriedensten, wenn man mit ihnen verschiedene, abwechslungsreiche Strecken reitet. Man sollte sich die nomadische Lebensart des Wildpferdes vor Augen führen und sie dann mit der Beschränktheit einer Koppel oder, schlimmer noch, des Stalles vergleichen.

Stallpferde müssen jeden Tag gestriegelt werden. Dadurch wird die Durchblutung angeregt, und lose Haare werden entfernt. (Pferde auf der Koppel lösen dieses Problem, indem sie sich auf dem Boden wälzen.) Beim Striegeln wird jedoch auch der schützende Staub aus dem Fell entfernt. Aus diesem Grund braucht man Wolldecken, um die Pferde warm zu halten. Da sie leicht verrutschen, sollte man ihren Sitz öfter überprüfen.

Niemals darf man ein Pferd mit nassem Fell im Stall stehen lassen. Am schnellsten trocknet man es, indem

man auf seinem Rücken Stroh aufhäuft und darüber einer Decke legt, während man die Beine mit Stroh abreibt. Nasser Schlamm sollte sofort entfernt werden, da die Haut des Pferdes beim Bürsten einreißen kann, wenn er erst einmal erstarrt ist. Einzelne Schweißflecken lassen sich leicht mit einem feuchten Schwamm entfernen, bevor das Fell sich kräuselt. Auch die Hufe müssen gereinigt werden, damit sich in ihnen keine Steine festsetzen, und die Hufeisen müssen auf Abnutzung geprüft werden.

Ein gutes Pferdelager besteht aus Weizenstroh, Holzspänen, Torf oder zerkleinertem Papier. Die Streu wärmt das Pferd; deshalb sollte sie in der Mitte mindestens 15 cm hoch, am Rand bis zu 60 cm oder noch höher liegen, um die Zugluft so weit wie möglich abzuhalten und dem Pferd die Möglichkeit zu geben, sich nach Bedarf mehr Streu heranzuziehen. Nasse oder schmutzige Streu sollte täglich erneuert werden.

Art und Menge des Futters hängen von der Größe des Tieres und der von ihm geforderten Leistung ab. Im Zweifelsfall sollte man den Tierarzt fragen. Normalerweise knabbern Pferde den ganzen Tag über. Deshalb empfiehlt es sich, ihnen drei bis vier kleinere Mahlzeiten über den Tag verteilt zu geben statt einer großen am Abend. Frisches Wasser sollte ständig zur Verfügung stehen. Trockenfutter ist sehr beliebt, als Alleinfutter auf die Dauer jedoch zu langweilig. Besser ist es, Leckerbissen wie Äpfel oder Karotten zuzufügen und zweimal die Woche einen verdauungsfördernden Brei aus Kleie. Gutes Heu (schlechtes staubt und reizt das Pferd zum Husten) sollte ständig zur Verfügung stehen, es sei denn, das Pferd ist zu dick und verfressen.

Auf der Koppel lebende Pferde sollte man auch im Sommer täglich besuchen, um sie auf ihren Zustand zu überprüfen. Man sollte jedes Mal die Hufe anheben und feststellen, ob sie oder die Hufeisen über die Maßen abgenutzt sind oder das Pferd sich Steine eingetreten hat. Ein altes, aber immer noch gültiges Sprichwort lautet: ›Ein Pferd ist immer nur so gut wie seine Hufe.‹ Vor allem aber muß man den Gesundheitszustand des Pferdes kontrollieren: Es darf nicht zu fett und nicht zu mager sein und sollte ein glänzendes Fell haben. Am Grad der Aufmerksamkeit, die das Pferd seinem Halter entgegenbringt, läßt sich die seelische Verfassung des Pferdes ablesen: Wirkt es gelangweilt oder einsam, sollte man sich mehr mit ihm beschäftigen.

Pferdehaltung ist zeitaufwendig. Pferdebesitzer, die nicht mindestens drei Stunden pro Tag mit ihren Tieren verbringen können, tun besser daran, die Pferde in einem Mietstall unterzubringen, wo sich andere um sie kümmern können.

## Krankheiten

Pferde sind empfindlicher als Menschen. Ihr Fell schützt sie zwar gegen die Härte eines kalten Winters, doch sie können an einem Husten oder an Eingeweideverschlingungen, einer Kolik, sterben. Ein Pferd, das beim Training öfter hustet, ist höchstwahrscheinlich krank, besonders, wenn es sich um einen trockenen, harten Husten und nicht nur um ein leichtes Räuspern handelt. Es sollte so lange nur im Schrittempo bewegt werden, bis die Ursache des Hustens geklärt ist. Wälzt sich ein Pferd besonders häufig und schwitzt dabei auffällig stark, leidet es vermutlich an Bauchschmerzen. Nach dem Auslauf wälzen sich oft auch gesunde Pferde ein- oder zweimal, doch normalerweise schwitzen sie dabei nicht. Ein Pferd mit einer Kolik hingegen wälzt sich, weil es versucht, seine Gedärme in Ordnung zu bringen, und schwitzt dabei vor Schmerzen. Holen Sie sofort einen Tierarzt! Bei Verdacht auf eine Kolik muß das Pferd bis zum Eintreffen des Arztes in Bewegung gehalten werden.

Beim Auftreten von Kreuzverschlag (Lumbago, Nierenverschlag) werden zunächst die Bewegungen des Pferdes steifer, bis es schließlich ganz starr wird. Beim ersten Anzeichen dieser Krankheit sollte unverzüglich ein Tierarzt gerufen werden.

Lustlosigkeit, eine laufende Nase, matte, glanzlose Augen oder ein starrendes, räudiges Fell sind sichere Anzeichen für eine Krankheit. Das gleiche gilt für erhöhte Temperatur – ein guter Pferdehalter überprüft regelmäßig, ob sich etwa ein Körperteil wärmer anfühlt als sonst – sowie für Kratzer, Knoten und offene Stellen. Eine tägliche Untersuchung ist die beste Vorsorge, denn so bemerkt der Eigentümer sofort, wann das Pferd anders aussieht oder sich anders anfühlt als normalerweise.

Jede Art von Lahmheit kann eine Katastrophe bedeuten. Bevor man ein Pferd ausreitet oder trainiert, sollte man mit der Hand an seinen Beinen hinabstreichen und auf ungewöhnliche Erwärmungen achten. Sind welche zu spüren, darf das Pferd unter keinen Umständen bewegt werden.

Ein Pferd, das sich von Gras ernährt, hat oft auch Würmer. Man sollte daher alle Pferde, auch Stallpferde, dreimal jährlich entwurmen lassen, es sei denn, sie grasen gemeinsam mit Kühen, die den Lebenszyklus des Palisaden- bzw. Blutwurms unterbrechen, indem sie die Larven vernichten.

Der Tetanusvirus kommt in vielen Böden vor, und eine Infektion kann bereits durch einen winzigen Kratzer erfolgen. Das Pferd sollte dagegen geimpft und die Impfung jährlich aufgefrischt werden. (Das gleiche gilt übrigens auch für den Halter!)

Eine rechtzeitige Krankheitserkennung und die sofortige Konsultation eines Arztes sind Zeichen der Fürsorge und zahlen sich auf Dauer auch ökonomisch aus.

# PFERDE- UND
# PONYRASSEN

# Die Rassen

Obwohl das Pferd schon seit Hunderten von Jahren domestiziert ist, sind die meisten der heutigen Pferde- und Ponyrassen vergleichsweise neu.

Geographische und klimatische Bedingungen haben bei der Entstehung verschiedener Pferdearten eine Rolle gespielt, die besonders bei Inselpferden oder anderen Arten, die sich in abgelegenen Gebieten entwickelt haben, deutlich wird. Die meisten der heutigen Rassen wurden jedoch vom Menschen geschaffen. Früher bedeutete Pferdezucht lediglich die Auswahl gesunder und kräftiger Tiere, doch je spezifischer die Anforderungen wurden, desto höher entwickelt wurde auch die Zucht. Dennoch kann man feststellen, daß die meisten Rassen von sehr gemischter Abstammung sind. Wenn man bei der Betrachtung eines Stammbaums nur weit genug zurückgeht, trifft man meist auf nicht besonders eindeutige Aussagen wie: ›stammt von Bauer Schmidts Braunem und der edlen Stute des Gutsherrn ab‹.

Es gibt heutzutage eine unüberschaubare Vielfalt von Pferde- und Ponyrassen, und es werden immer noch neue gezüchtet. Die Unterschiede sind mitunter so geringfügig, daß selbst ein Experte sie nicht auseinanderhalten kann und der Laie erst recht keinen Unterschied erkennt. Das vorliegende Buch stellt nur die weltweit anerkannten Rassen vor und läßt diejenigen aus, die einander so sehr ähneln, daß es umstritten ist, ob sie wirklich als eigene Rassen gelten können.

## ACHAL-TEKKINER

Dies ist eine der ältesten Pferderassen. Sie hat ihren Ursprung in Turkmenistan, Kasachstan, Usbekistan und Kirgisien und ist der ausgeprägteste Typus jener alten Pferderasse, die als Turkmene bekannt ist.

Der Tekkiner ist klein (152-154 cm Stockmaß), hat einen schmalen Körper, eine spärliche Mähne und einen dünnen Schweif. Die Farben des Dunkelschimmels, Braunen und Fuchses dominieren, und sein Fell hat meist einen metallischen Glanz. Er ist kühn und mutig, kann jedoch auch widerspenstig und schwierig sein. Durch seine Herkunft ist er besonders widerstandsfähig und kann Hunderte von Kilometern ohne Wasser zurücklegen. Seine Bewegungen sind prächtig, und er hat in allen Gangarten einen fließenden, elastischen Schritt.

37

## ALBINO

Albinos sind alle Pferde oder Ponys ohne Pigmentierung. Sie haben rosa Haut, ein schneeweißes Haarkleid und blaßblaue oder dunkelbraune Augen. Normalerweise treten Albinos zufällig auf, doch in den USA sind sie zur Rasse entwickelt worden. Der **Nordamerikanische Albino** ist ein leichtes Pferd von freundlichem, intelligentem Wesen. Er wird seit dem frühen 20. Jahrhundert gezüchtet, und man glaubt, daß er von dem Reitpferd ›Old King‹ abstammt, bei dem es sich wahrscheinlich um eine Kreuzung aus Araber und Morgan handelte. Man bemüht sich, die schwachen Augen und die Sonnenempfindlichkeit der Haut wegzuzüchten.

## ALTÉR REAL

Diese berühmte portugiesische Rasse stammt von den 300 prächtigen andalusischen Stuten ab, die das Haus Breganza im Jahre 1747 mit der Absicht erwarb, ein portugiesisches Nationalgestüt zu gründen. Sie wurde von Napoleon dezimiert und in verheerendem Maße mit fremden Rassen gekreuzt. 1932 wurde jedoch durch das portugiesische Wirtschaftsministerium der Grundstein für die hervorragende Qualität des heutigen Altér gelegt, indem man nur die besten Pferde zur Zucht auswählte.

Das Pferd hat eine Größe von 155-165 cm Stockmaß. Es ist normalerweise braun oder dunkelbraun, manchmal kommen auch Grauschimmel vor. Der Altér ist intelligent und leicht erregbar. Bei einem einfühlsamen Trainer ist er ein hervorragendes Reitpferd.

# AMERICAN QUARTER HORSE

Das Quarter Horse gilt als die beliebteste Rasse der Welt. Sein Charakter ist freundlich und angenehm. Braune, Dunkelbraune und Füchse mit sehr wenig Weiß auf Gesicht und Beinen sind vorherrschend. Die Größe liegt bei 143 -160 cm Stockmaß, und der offizielle Standard der American Quarter Horse Association beschreibt das Pferd als: ›gut proportioniert, ... symmetrisch und ebenmäßig; alle Körperteile verschmelzen miteinander, wodurch sich ein Gesamteindruck von Ausgeglichenheit, Stil und Schönheit ergibt.‹

Der Körperbau des Quarter Horse ist kraftvoll. Es hat einen muskulösen Rumpf, eine kräftige Hinterhand und gute Beine, die schlanker sind, als man es bei einem so kraftvollen Körper erwarten würde. Der Kopf ist kurz, ausdrucksvoll und edel, mit großen, offenen Augen und weiten Nüstern.

Die Anfänge des Quarter Horse gehen auf die Bedürfnisse wohlhabender Plantagenbesitzer in Virginia sowie Nord- und Süd-Carolina zurück. Araber, Berber und türkische Pferde, die mit den Spaniern kamen, wurden von diesen im frühen 17. Jahrhundert mit importierten englischen Pferden gekreuzt, um fügsame und elegante Tiere zu erzeugen. Es wurde gezielt für das damals beliebte Sprintrennen gezüchtet, das meist auf der Dorfstraße stattfand und über Entfernungen bis zu einer Viertelmeile (engl.: quarter of a mile = 400 m) ging.

Es ist die älteste Pferderasse Amerikas. Sie wird in mehr als 40 Ländern der Welt gehalten, und allein in den Vereinigten Staaten sind über 1 500 000 Exemplare

registriert. Die American Quarter Horse Association in Texas beschäftigt über 200 Angestellte, die das größte Zuchtbuch der Welt verwalten.

Quarter-Horse-Rennen sind inzwischen in Australien ebenso beliebt wie in Amerika. Der größte Preis ist jedoch nach wie vor der ›All American Futurity Stakes‹, der jährlich in Kalifornien ausgetragen wird und dem Gewinner über eine halbe Million Dollar einbringt.

Diese vielseitige Rasse ist geschickt im Umgang mit Rindern und in Rodeo-Wettbewerben in den USA und in Kanada unschlagbar. Schon die Pioniere Amerikas priesen das Quarter Horse als das beste Pferd für die Rinderhaltung. Es ist extrem wendig und kann aus dem Stand in den Galopp gehen. Auch sonst ist es ein Pferd, das seinem Besitzer viel Freude bereitet, wie Fans aus aller Welt bestätigen.

## AMERICAN SADDLEBRED
## oder KENTUCKY SADDLE HORSE

Schon in den Gangarten Schritt, Trab und Galopp bewegt sich dieses Pferd mit der Anmut eines Balletttänzers. Darüber hinaus verfügt es aber noch über zwei Gangarten, die für diese Rasse typisch sind. Zuerst wurde es weitgehend in Kentucky gezüchtet und war das beste Pferd mit den fließendsten Bewegungen, das die reichen Plantagenbesitzer jener Zeit (Beginn und Mitte des 19. Jahrhunderts) zustande brachten. In manchen Teilen der USA wird immer noch der Name ›Kentucky Saddler‹ verwendet, obwohl im Jahre 1891, als eine Gruppe bedeutender Pferdehändler in Louisville, Kentucky, die ›American Saddle Horse Breeders' Association‹ gründete, die weltweit gültige Bezeichnung ›American Saddlebred‹ geprägt wurde.

Die eigenen Gangarten des Saddlebred, Paß und Rack (Rennpaß), sind für den Reiter sanft und besonders angenehm. Der Rack ist eine gleichmäßige, viertaktige Bewegung, bei der jeder Fuß auf halber Höhe in der Luft verhält, wodurch eine Art Tänzeln entsteht, und das bei einer Geschwindigkeit bis zu 48 Stundenkilometern. Der Paß ist eine langsamere, anmutigere Version des Rennpasses.

Das Saddlebred entstand aus der Kreuzung einer Vollblut-Morgan-Mischung mit dem jetzt ausgestorbenen Narragansett Pacer, einem Gespann- und Reitpferd mit hohem, fließendem Schritt. Es wurde als prächtiges Luxusreitpferd für reiche Leute gezüchtet.

Moderne Saddlebreds werden normalerweise als Turnierpferde eingesetzt und bei Wettbewerben je nach Fä-

higkeiten in zwei Klassen eingeteilt: eine für dreigängige (nur Schritt, Trab und Galopp) und eine für fünfgängige.

Das Saddlebred ist ein hervorragendes, ausgesprochen eindrucksvolles Reitpferd mit einem freundlichen Wesen. Seine Größe variiert zwischen 155 und 165 cm Stockmaß. Braune, Rappen, Dunkelfüchse und Grauschimmel überwiegen, manchmal trifft man auch auf Palominos oder Stichelhaarige, oft mit weißen Abzeichen auf Gesicht und Beinen. Die spitzen Ohren sitzen auf einem kleinen Kopf, der von einem gebogenen Hals getragen wird. Der Rumpf ist kurz und muskulös, und die Beine sind fest und schlank. Die außergewöhnlichen Bewegungen werden noch betont durch den unnatürlich hoch gehaltenen Schweif, der erzeugt wird, indem man die Schweifmuskulatur beim Jungtier einkerbt und in einem Schweifriemen verheilen läßt.

## AMERIKANISCHES SHETLAND-PONY

Diese etwas größere Variante (bis zu 112 cm Stockmaß) der schottischen Inselrasse ist leichter gebaut als ihre Vorfahren. Der Kopf ist feiner und zeigt eine leichte Tendenz zum Hechtkopf; die Ohren sind zierlich. Trotz dieser Verfeinerungen können sie Lasten ziehen, die dem Doppelten ihres Eigengewichtes entsprechen.

Durch selektive Züchtung mit importierten Shetlands hat das American Shetland dynamische Bewegungen, die zu einem kleinen Hackney passen. Für Turniere

wird es unterschiedlich zurechtgemacht: Manchmal hat es einen eingekerbten Schweif, manchmal falsches Schweifhaar und manchmal sogar falsche Hufe, die auf diese Weise länger wirken. Es kommt bei Wettkämpfen, bei denen Ponys einen Teil ihres Gewichtes ziehen, aber auch auf der Rennbahn zum Einsatz.

## AMERICAN STANDARDBRED

Den berühmtesten aller modernen Traber sieht man am häufigsten vor einem Sulky auf der Rennbahn. Er erinnert etwas an ein kleines, muskulöses Vollblut, allerdings eher an den schwerer gebauten Steeplechase-Typ als an ein feuriges, zartes Rennpferd. Es hat normalerweise einen längeren Rumpf und kürzere Beine als ein Vollblut und wirkt insgesamt ›gewöhnlicher‹.

Mit seinem mächtigen Körperbau und den kraftvollen Beinen wird das Standardbred eher nach seiner Trabgeschwindigkeit als nach seinem hübschen Äußeren beurteilt. Das Pferd ist mit einer Größe von 152-165 cm Stockmaß relativ klein. Es hat einen umfangreichen Brustkorb, und seine Schritte im Trab sind frei und lang. Das größte Problem eines Standardbreds ist die Tatsache, daß ihm bei schnelleren Gangarten oft die eigenen Beine in den Weg kommen. Breitbrüstigere und längere Pferde des Typs können am ehesten verhindern, daß die Vorderfußgelenke gegeneinanderschlagen und Vorder- und Hinterbeine ineinander greifen.

Es dominieren Braune, Dunkelbraune, Dunkelfüchse und Rappen, gelegentlich mit weißen Abzeichen auf Gesicht oder Beinen.

Die Bezeichnung ›Standardbred‹ leitet sich ab von dem Standard-Geschwindigkeitstest über eine Meile (1600 Meter), der für die Qualifikation zum Rennen erforderlich ist, und zwar sowohl für Traber als auch für Pacer (Paßgänger). Traber müssen in diesem Test eine Geschwindigkeit von 2,3 min. erzielen, Pacer müssen die gleiche Strecke fünf Sekunden schneller zurücklegen. Der Paßgang ist für die meisten Pferde eine unnatürliche Gangart, bei der sich die beiden seitlichen Beinpaare gleichzeitig bewegen; es kommt jedoch vor, daß ein Fohlen den Paßgang vom Muttertier erlernt.

Standardbreds stammen größtenteils von Vollblütern ab, daher ihre Schnelligkeit. Doch in ihren Adern fließt auch Araber-, Berber- und Morgan-Blut, was ihnen die Ausdauer, sowie das von Kanadiern und Hackneys, was ihnen Eleganz verleiht.

## ANDALUSIER

Dieser wundervolle spanische Schimmel ist durch seine Leistungen bei Auftritten in der Spanischen Reitschule in Wien berühmt geworden. Sein Ursprung wird in Afrika vermutet. Der Überlieferung nach tauchten die ersten Pferde in Spanien auf, als Hasdrubal von Karthago 2000 numidische Stuten einführte, von denen es hieß, sie seien ›schneller als der Wind‹. Sie lebten wild, bis im Jahre 200 v. Chr. die Römer einmarschierten.

Als Reitpferd zeichnet sich der Andalusier durch Kraft, Eleganz und Intelligenz aus. Er ist stolz, hat eine phantastische Haltung, und seine Größe liegt bei 155-165 cm Stockmaß. Die Farbe des Dunkelschimmels überwiegt, Rappen können jedoch auch vorkommen.

Der heutige Typ dieses Reitpferdes entwickelte sich, nachdem die Vandalen jenen Teil Spaniens erobert hat-

ten, den man später zu ihren Ehren Vandalusia nannte. Mit sich brachten sie große germanische Pferde mit kräftigem Körperbau und schlankem Hals, die sich mit der einheimischen iberischen Rasse vermischten. Als die Mauren im Jahre 711 in Spanien einfielen, kamen sie mit 300 000 schnellen, stämmigen Berbern, und die Siege, die sie auf ihren beweglichen Pferden über die Spanier mit ihren schweren ibero-germanischen Reittieren errangen, veranlaßten die Spanier, beweglichere und reaktionsschnellere Pferde zu züchten.

Das erste richtige Gestüt wurde von einem Moslem gegründet. Seit der Eroberung Granadas im 11. Jahrhundert, als man sich der Bedeutung der leichten Kavallerie bewußt wurde, setzten die spanischen Könige Pferde in der Schlacht ein. Die Bewegungen der ›Schule über der Erde‹, wie sie heute von der Spanischen Reitschule demonstriert werden, waren ursprünglich keine Zirkustricks, sondern für den Krieg gedacht. Die Capriole etwa, bei der das Pferd aus dem Stand senkrecht in die Luft springt und dabei die Hinterhand streckt, ermöglichte es einem eingeschlossenen Reiter, die Hufe seines Pferdes als Kampfmaschine zu benutzen, um den Weg freizutreten. Es dauert sieben Jahre, bis ein Pferd diese Bewegungen beherrscht.

Der Andalusier wurde unter Philip III. durch Einkreuzung schwererer Hengste fast ausgelöscht. Später nahmen die Marschälle Napoleons die besten der übrigen mit nach Frankreich. Die größten Bewahrer dieser Rasse sind die Kartäusermönche. Wären nicht einige Andalusier von den Mönchen und der Familie Zapata verborgen gehalten worden, wäre die Rasse sicher ausgestorben. So aber wurde im 19. Jahrhundert von den Ratgebern Ferdinands VII. ein neues Gestüt eingerichtet, und seitdem gedeiht die Rasse unaufhaltsam.

## ANGLO-ARABER

Der Anglo-Araber ist eine Kreuzung aus englischem Vollblut und Araber und hat ein lebhaftes, gutmütiges Naturell. Seine Qualität variiert je nach Zucht; im allgemeinen jedoch ist er ein elegantes, leichtes Reitpferd mit einer Größe von ca. 155-165 cm Stockmaß. Er kommt meist als Brauner oder Fuchs vor und hat einen guten, ansprechenden Körperbau sowie große, ausdrucksvolle Augen.

## APPALOOSA

Der Appaloosa, das amerikanische Pferd mit der ungewöhnlichen Zeichnung, wird bis zu 145-155 cm Stockmaß groß und zeigt auf seinem stichelhaarigen Fell eine von sechs verschiedenen Zeichnungsarten. Die Haut an Nase, Lippen und Genitalien ist meist gesprenkelt, die Augäpfel sind weiß. Mitunter weisen die Hufe vertikale Streifen auf.

Der Appaloosa ist fügsam, ausdauernd, geschickt und wendig. Sein Rumpf ist kompakt, der Rücken kurz, und seine Mähne und der Schweif sind dünn.

Die Zucht dieser Pferde wird den Nez-Percé-Indianern zugeschrieben, die von der US-Armee in einer

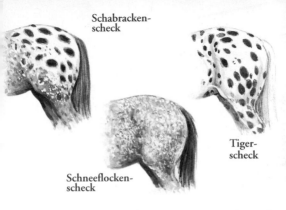

**Schabracken-
scheck**

**Tiger-
scheck**

**Schneeflocken-
scheck**

sechstägigen Schlacht beinahe vernichtet wurden und
61 Jahre später diese Pferderasse registrieren ließen. Obwohl der Appaloosa nach wie vor am häufigsten in den
westlichen USA vorkommt, wurde er nach und nach so
beliebt, daß er zahlenmäßig inzwischen eine der sechs
Spitzenrassen Amerikas ist.

Seine Herkunft ist umstritten. Darstellungen von
Pferden mit ähnlich auffälliger Zeichnung findet man
auf antiken chinesischen und persischen Kunstwerken
sowie auf den wesentlich älteren Höhlenmalereien im
französischen Pêche Merle. Wie alle amerikanischen
Pferde kam er vermutlich mit den Spaniern. Doch auf
der ganzen Welt gibt es Pferde und Ponys mit Appaloo-
sa-Zeichnung, von denen allerdings die wenigsten Ähnlichkeit mit dem erstklassigen Quarter-Horse-Typus der
amerikanischen Rasse aufweisen.

# ARABER

*Allah sprach zum Südwind: ›Werde zu festem Fleisch, denn Ich will ein neues Geschöpf aus dir erschaffen, zur Ehre Meines Heiligen Namens, zur Erniedrigung Meiner Feinde und als Diener derjenigen, die Mir untertan sind.‹*

*Der Südwind sagte: ›So sei es denn, o Herr.‹*

*Und Allah nahm eine Handvoll aus dem Südwind, Er atmete darauf und erschuf so das Pferd, und Er sagte: ›Arabisch sei dein Name, Tugend sei in dein Schopfhaar gebunden, und Beute soll auf deinem Rücken sein. Ich habe dich auserwählt aus allen Lasttieren, denn Ich habe dir deinen Herrn zum Freund gemacht. Ich habe dir die Fähigkeit verliehen, ohne Schwingen zu fliegen, sei es beim Angriff, sei es auf dem Rückzug. Auf deinen Rücken will Ich Männer setzen, die Mich ehren und preisen und die Meinem Namen ein Hallelujah singen.‹*

Diese Beduinenlegende bringt den fast mystischen Glauben der Wüstenbewohner an die Kraft dieser Pferde zum Ausdruck. Die außergewöhnlich hohe Qualität des Araberpferdes und die Reinheit seiner Rasse sind der Tatsache zu verdanken, daß Mohammed sich der militärischen Bedeutung guter Pferde für seine Anhänger bewußt war. Der von Mohammed verfaßte Text des Koran enthält auch Anweisungen zur richtigen Zucht und Fütterung der Pferde.

›So viele Roggenkörner du deinem Pferde gibst, so viele Sünden sollen dir vergeben werden‹, heißt es dort. Und: ›Der Böse wagt nicht, ein Zelt zu betreten, in dem man ein reinrassiges Pferd hält.‹

Die religiösen Gebote führten zusammen mit der generell ausgeprägten Leidenschaft der Beduinen für Pferde zu einem Verhältnis zwischen Mensch und Tier, das nach wie vor seinesgleichen sucht. Die sonst so wilden Wüstenbewohner teilten das Essen mit ihren Pferden und schliefen sogar neben ihnen. In dem extremen Klima der arabischen Wüsten gibt es nur wenig Nahrung, wodurch die robusten Wüstenpferde sich an eine Kost gewöhnten, die von getrockneten Datteln bis zu Heuschrecken, von Kamelmilch bis hin zu Fleisch reichte.

Am begehrtesten waren nicht die Hengste, sondern die Stuten, und sie waren es auch, die man in der Schlacht und auf Beutezügen bevorzugte. Die Reinrassigkeit wurde mit fanatischem Ernst gewahrt, und man

53

griff sogar zum Mittel der Inzestzucht – eine Idee, die westlichen Züchtern vollkommen fremd ist, da sie davon überzeugt sind, daß eine Kreuzung von Vater und Tochter zu Schwäche führt.

Dennoch wurde das kleine, zähe Araberpferd (um 150 cm Stockmaß) mit seinem bemerkenswerten Mut, seiner Ausdauer und Schönheit zu einem der Stammväter aller hochklassigen westlichen Reitpferde.

Araberpferde wurden wahrscheinlich bei der maurischen Invasion der westlichen Mittelmeerländer in Europa eingeführt. Zunächst wurden sie offenbar nur als dekorative Paradepferde angesehen, doch allmählich lernte man ihre Geschwindigkeit, Geschicklichkeit und Ausdauer auch in den nördlichen Breiten schätzen.

Nach dem Rückzug der französischen Armee aus Moskau, im strengen Winter des Jahres 1812, schrieb

Napoleons Adjutant an seinen vorgesetzten Offizier:
›Die Araberpferde hielten den Anstrengungen und Entbehrungen besser stand als die europäischen Pferde. Nach dem grausamen Feldzug waren die Araber nahezu die einzigen Pferde, die dem Kaiser geblieben waren. General Hubert ... konnte nur eines seiner fünf Pferde wieder mit nach Frankreich bringen, und dies war ein Araber. Auch Hauptmann Simmoneau aus dem Generalstab blieb nur ein Araber, und so war es auch bei mir.‹

Während des Krimkriegs galoppierte der Araberhengst Omar Pasha die 93 Meilen von Silistra nach Varna in einem Tag. Sein Reiter starb in der Folge an Erschöpfung, das Pferd aber war so frisch wie zuvor.

In den frühen Tagen des englischen Vollblut-Rennpferdes ließ man Vollblüter gegen Araberpferde antreten. Die langbeinigeren Vollblüter errangen zwar auf

den ersten ein oder zwei Meilen einen Vorsprung, waren aber bald erschöpft und wurden schließlich von Arabern besiegt. Ihre Reiter, kräftige Beduinen, lachten über die kleinen englischen Jockeys und machten sich über die Pferde lustig, die schon nach drei Stunden aufgaben.

Der heutige Araber genießt in den meisten Teilen Nordamerikas und Europas allgemeine Wertschätzung. Das reinrassige Wüstenpferd ist allerdings durch das westliche Klima degeneriert und insgesamt verweichlichter und fetter als seine Vorfahren.

Drei der vielen Linien des ursprünglichen Beduinenpferdes sind heute noch verbreitet: *Kehylan*, eine sehr maskuline Art, die Kraft und Ausdauer ausstrahlt; *Seglavi*, eine Art, die vor allem feminine Schönheit und Eleganz aufweist, und *Muniqi*, ein schlankes, knochiges Pferd, das sich durch Schnelligkeit auszeichnet.

## ARDENNER

Dieses schwere, kompakte Pferd verfügt über die besten Eigenschaften eines Arbeitspferdes und gehört immer noch zu den beliebtesten Rassen. Es ist stark und dabei so sanft, daß selbst kleine Kinder mit ihm umgehen können.

Es stammt aus dem französischen und belgischen Teil der Ardennen, wird bis zu 155 cm Stockmaß groß und kommt hauptsächlich als Brauner, Schimmel und Fuchs vor. Man glaubt, daß es sich bei ihm um das Pferd handelt, das Julius Cäsar in *De bello Gallico* preist, und daß es eines der großen Pferde des Mittelalters war. Mit Sicherheit wurde es von Napoleon benutzt, um seine schwere Artillerie zu ziehen. In neuerer Zeit ist es in seinem Herkunftsgebiet vor allem für die Landwirtschaft von großem Nutzen.

## AUSTRALISCHES PONY

Bei diesem Pony handelt es sich um ein klassisches Beispiel selektiver Züchtung für einen speziellen Zweck, und zwar in diesem überaus erfolgreichen Fall als perfektes Reittier für Kinder. Es wurde seit dem frühen 19. Jahrhundert in Australien aus sehr unterschiedlichen importierten Rassen gezüchtet, die deutlichste Verwandtschaft besteht jedoch zum Walisischen Bergpony. Das australische Pony ist mit seinen 120-140 cm Stockmaß kleiner, trotzdem tritt die Ähnlichkeit deutlich hervor, zum Beispiel in dem edlen Kopf und den ausdrucksvollen Augen, aber auch in der Lebhaftigkeit und den sanften, fließenden Bewegungen.

1929 wurde die ›Australian Pony Stud Book Society‹ gegründet, und seitdem gibt es diese Rasse in Reinzucht.

## AUXOIS

Dieses besonders kräftige Zugpferd ist eine größere Version des Ardenners. Es stammt aus der gleichen Region, dem Nordosten Frankreichs, und beide Rassen haben zum Teil die gleichen Vorfahren.

Der Auxois ist sanft, gutwillig und hat ein freundliches Naturell. Sein Kopf ist relativ groß und sitzt auf einem kurzen, kräftigen Hals. Er hat einen massigen Körper mit einem tief angesetzten Schweif, die Beine sind kurz und stämmig.

Der Auxois wird zwar gelegentlich noch in der Landwirtschaft eingesetzt, hauptsächlich jedoch, wie viele europäische Kaltblüter, wegen seines Fleisches gezüchtet. *Keine Abbildung.*

## AVELIGNESER

Der Aveligneser stammt aus Italien. Er ist ein kräftiges, robustes Gebirgspony, das sich sowohl auf schneebedeckten Bergen als auch in der glühenden Sommersonne wohl fühlt. Füchse dominieren, Mähne und Schweif sind oft flachsfarben, und er gleicht dem österreichischen Haflinger, mit dem er gemeinsame Vorfahren hat. Der Aveligneser ist allerdings mit einem Stockmaß von 133-143 cm etwas größer und schwerer.

Aveligneser haben ein gutartiges, friedfertiges Temperament. Da sie zudem trittsicher und nicht besonders anfällig für Krankheiten sind, geben sie das ideale Lastpony für die Berge oder den Bauernhof ab. Heute besteht eine ihrer Hauptaufgaben darin, Touristen auf Ausflügen zu tragen, eine Arbeit, für die sie wegen ihrer

ausgeglichenen und verläßlichen Wesensart besonders geeignet sind.

## BALEAREN-PONY

Der Baleare kommt hauptsächlich auf Mallorca vor und sieht immer noch aus wie die Pferde, die man auf alten, griechischen Münzen findet. Er hat einen edlen Kopf mit einem ›römischen‹ Profil, der auf einem kurzen Hals mit aufgestellter Mähne sitzt. Der Baleare ist schlank und feinknochig, seine Beine sind jedoch zäh. Es gibt kein Standardgröße, aber meistens bleibt er unter 140 cm Stockmaß. Als Reitpferd ist er nicht besonders interessant, doch sein freundliches, geduldiges Wesen macht ihn attraktiv für Kleinbauern und Händler.

Diese Rasse ist in keiner Hinsicht preisverdächtig; es handelt sich lediglich um ein hageres Pony, das ungünstiges Klima ertragen kann. *Keine Abbildung.*

## BERBER

Der zähe, gutartige und dabei doch feurige Berber war früher das Pferd der kriegführenden Stämme Nordwest-Afrikas und gehört heute zu den wichtigsten Zuchtpferden. Seit Jahrhunderten schon bedient man sich seiner zur Auffrischung fremden Blutes. Während der Invasion der Mauren gelangte er in großer Anzahl nach Spanien, wo er durch Kreuzungen mit dem größeren, weniger kühnen Pferd der Vandalen und mit Unterstützung anderer orientalischer Rassen zur Entstehung des Andalusiers beitrug. Kurz danach kam er

durch Händler auch in das östliche Mittelmeergebiet. Später gelangte er nach Frankreich und wurde dort zur Zucht des Limousin verwendet, des mittelalterlichen französischen Reitpferdes. Und wieder einige Zeit später, während der Regierungszeit des Pferdeliebhabers Charles II., wurde er nach England eingeführt, wo er zur Gründung der Vollblutzucht beitrug.

Man findet den Berber immer noch in Marokko, Tunesien und Algerien, wenn auch der Einfluß von Araberblut die reine Abstammung verwässert hat.

Der Berber ist zäh und ausdauernd und kann mit geringen Mengen auch schlechter Nahrung auskommen. Er kommt hauptsächlich in den Grundfarben vor, erreicht eine Größe von 140-150 cm Stockmaß und besitzt einen langen, feinen Kopf mit auseinanderstehenden Augen, einen kräftigen Rumpf und lange Beine. Reinrassige Berber sieht man heutzutage meist bei Wettkämpfen, die von der nordafrikanischen Kavallerie oder von Wüstenstämmen veranstaltet werden.

## BASCHKIR

Der Baschkir ist ein kräftiges Arbeitspony, das eine Größe von 140 cm Stockmaß erreicht. Diese Rasse wurde über viele Jahrhunderte am Fuße des Urals als ideales russisches Gutspferd entwickelt. Er ist extrem robust und kann selbst beißende Kälte und tiefen Schnee aushalten. Sein Körperbau ist kräftig und stämmig, Mähne und Schweif sind lang und voll. Vorherrschend sind Braune, Füchse und Falben.

Baschkirs sind ausdauernde Arbeits- und Reitpferde.

Hengste werden normalerweise zur Arbeit genutzt und die Stuten wegen der Milch gehalten. *Keine Abbildung.*

## BASUTO-PONY

Trotz des Namens kommt das Basuto-Pony nicht aus Basutoland, obwohl es dort seit langem gezüchtet wird. Es stammt von Arabern, Berbern und Vollblütern ab, die von europäischen Siedlern am Kap eingeführt wurden. Aus diesen Kreuzungen entstand das Kap-Pferd, das vor 150 Jahren nach Basutoland gebracht wurde und dort aufgrund mangelnder Hege und der Belastungen durch das Klima im Laufe der Jahre immer kleiner wurde. Der Basuto ist heute eines der zähesten Ponys der Welt.

## BAYERISCHES WARMBLUT

Dieses schwere, fuchsrote Warmblut ist die moderne Variante einer alten Rasse. Sein Vorläufer war der Rottaler, das bewährte deutsche Kriegspferd, das im Rottal in Niederbayern gezüchtet wurde und seinen Ruf zunächst als Kavalleriepferd und dann als Arbeitspferd erlangte.

Die Rasse ist in den letzten 200 Jahren durch Kreuzungen mit Normannen, Vollblütern, Cleveland Bay und Oldenburgern leichter geworden. Das Resultat ist ein kräftiges, williges Zug- und Arbeitspferd. Die Bezeichnung *Rottaler* wurde 1960 zugunsten des Namens Bayerisches Warmblut aufgegeben. *Keine Abbildung.*

## BEBERBECK

Der Beberbeck, ein Reitpferd, das im Aussehen dem Englischen Vollblut gleicht, jedoch schwerer ist, hat eine Größe von 160 cm Stockmaß. Er kommt hauptsächlich als Brauner oder Fuchs vor. Er ist so ruhig und geduldig, daß er ein gutes Guts- oder Zugpferd abgibt, und hat genügend Mut und Klasse, um für die Kavallerie in Frage zu kommen. Leider gibt es heute nur noch wenige Exemplare.

Das Beberbeck-Gestüt bei Kassel wurde 1720 gegründet. Einheimische Stuten wurden von den Züchtern sehr erfolgreich mit Araberhengsten und Vollblütern gekreuzt, um ein hochwertiges Reit- und Wagenpferd zu erhalten. 1930 wurde das Gestüt geschlossen. Der Beberbeck wird zwar immer noch gezüchtet, ist aber als Rasse nicht mehr bedeutend. *Keine Abbildung.*

## BOSNISCHES GEBIRGSPONY

Das Bosnische Gebirgspony, ein anhängliches und intelligentes Tier, ist zu Recht das beliebteste Pony des Balkans. Es ist stämmig, robust und sehr ausdauernd.

Dieses Pony gehört zum Tarpan-Schlag des Gebirgsponys und ähnelt im Aussehen dem Huçul.

Fast eine halbe Million dieser Tiere werden in Bosnien, Kroatien und Serbien in der Landwirtschaft und als Lasttiere eingesetzt, und der jugoslawische Staat, der ihren Nutzen kannte, kontrollierte die Zucht streng. Alle Hengste, die als Beschäler dienen, müssen zuerst ihre Fähigkeiten unter Beweis stellen, indem sie eine Last von 100 Kilo 16 Kilometer weit tragen. Die besten Ponys schaffen dies in 1 Stunde und 15 Minuten.

# BOULONNAIS

Der Boulonnais ist der eleganteste französische Kaltblüter. Seinen edlen Kopf mit den strahlenden Augen und den kurzen, aufgestellten Ohren verdankt er dem Einfluß von Araberblut. Seine Kraft und Größe (153-163 cm Stockmaß) hat er von den großen alten Pferderassen Nordeuropas, mit denen Ritter in die Schlacht zogen.

Seine Anmut und die Harmonie seiner Bewegungen sind ungewöhnlich für ein Pferd von so massiger Gestalt und werden durch das seidige Fell und die buschige Mähne des Apfelschimmels noch verstärkt. Seitdem er nicht mehr als Kavalleriepferd eingesetzt wird, leistet er gute Dienste in der französischen Landwirtschaft.

# BRABANTER

Der Brabanter – oder das **Belgische Kaltblut** – kommt normalerweise als schwarz geäpfelter Rotschimmel vor, es gibt aber auch Braune, Schwarzbraune, Falben, Schimmel und Füchse. Er erreicht eine Größe bis zu 170 cm Stockmaß und hat ein kühnes, energisches und gutartiges Naturell. Der Kopf ist schlicht und gedrungen, zeigt jedoch einen intelligenten Ausdruck. Der Rumpf ist kräftig gebaut, die Bewegungen sind jedoch gut.

Der Brabanter ist ein ausgezeichnetes Arbeitspferd. Wie der Ardenner zählt er die Pferde aus Flandern zu seinen Vorfahren und gehört zu jenen berühmten belgischen Rassen, die zur Veredlung fremder Kaltblutrassen beigetragen haben. Man bediente sich jahrhundertelang der Inzucht, um die außergewöhnliche Qualität zu bewahren.

# BRETONE

Der Bretone ist ein lebendiges, gutmütiges Arbeitspferd aus der Bretagne und kommt meist als Rotschimmel vor. Für ein schweres Arbeitspferd ist er mit seinen 143-160 cm Stockmaß nicht besonders groß, was er aber durch Kompaktheit und Muskeln ausgleicht.

Heute gibt es zwei Typen des Bretonen. Der größere und schwerere – und auch der am weitesten verbreitete – ist das schwere bretonische Arbeitspferd, ein Tier, das für ein so kräftiges Kaltblut bemerkenswert wenig Behang zeigt *(siehe Abbildung)*. Beim bretonischen **Postier**, einem kleineren und aktiveren Pferd, handelt es sich um ein mittelschweres Kutsch- und Arbeitspferd mit hervorragenden Bewegungen.

## BRUMBY

Das Brumby ist das Wildpferd Australiens. Es ist ein Buschpferd im Prozeß der Degeneration, das jedoch hochintelligent und darum schwer zu fangen ist. Gelingt dies dennoch, ist es beinahe unzähmbar.

Seine Geschichte ist sehr interessant. Während des großen australischen Goldrauschs Mitte des 19. Jahrhunderts ließ man viele zahme Pferde im australischen Hinterland frei. Sie vermischten sich wahllos untereinander und verloren so für die Menschen allmählich an Qualität. Doch nur die anpassungsfähigsten und intelligentesten Tiere überlebten in der rauhen Umgebung, und so vermehrten sich die scharfsinnigen Buschbewohner bald so rapide, daß sie zu einer Plage wurden.

Als man im Zuge der landwirtschaftlichen Mechanisierung im 20. Jahrhundert weitere Pferde freiließ, vermehrte sich ihre Zahl sogar noch. Eine verschärfte Bekämpfung schien unvermeidbar zu sein, wollten die Farmer überleben. In den frühen sechziger Jahren dieses Jahrhunderts wurden daher große Mengen Brumbys abgeschossen, und nur wenige haben überlebt.

## BUDJONNIJ-PFERD

Dieses erstklassige russische Reitpferd wurde nach Marschall Budjonnij benannt, einem berühmten Kavalleristen, der zu Beginn des 20. Jahrhunderts im Armee-Gestüt in Rostow diese Rasse zu züchten begann.

Die Grundlage ist eine Kreuzung aus Englischem Vollblut und Donpferd, mit Einflüssen vom Kasachen

und Kirgisen. Die besten Jungtiere wurden für die Kavallerie ausgewählt, sorgfältig gehegt und physischen und psychischen Eignungstests unterzogen. 1948 wurden die Budjonnij-Pferde als Rasse registriert.

Da die Kavallerie heutzutage überflüssig ist, tut sich das Pferd jetzt vor allem bei den strapaziösen Vielseitigkeitsprüfungen hervor. Es erreicht eine Höhe von 152-160 cm Stockmaß, und sein fuchsfarbenes oder braunes Haarkleid weist oft den typischen metallischen Schimmer guter russischer Reitpferde auf.

## BURMA-PONY

Dieses schlicht aussehende Pony, auch **Shan** genannt, erreicht eine Höhe von ca. 130 cm Stockmaß und wird hauptsächlich von den Bergbewohnern im Osten Burmas (den Shan-Provinzen) gezüchtet. Obwohl es als Arbeitspony gut geeignet ist, befanden es die in Burma stationierten britischen Offiziere als zu schwerfällig, um als Polopony zu taugen. Ihm fehlt der Elan der Ponys aus gemäßigten Klimazonen. *Keine Abbildung.*

## CAMARGUE-PFERD (CRIN BLANC)

Das berühmte weiße Pferd der Camargue ist mit seiner Größe von 140 cm Stockmaß eigentlich ein Pony. Seit Menschengedenken lebt es wild im sumpfigen Rhône-Delta im Süden Frankreichs.

Das Camargue-Pferd gehört zu den ältesten Primitivrassen. Es ähnelt den Pferden auf den Höhlenmalereien von Lascaux, die kurzen, weit geöffneten Ohren und der

ausdrucksvolle Kopf sind jedoch Hinweise auf einen späteren Einfluß orientalischen Blutes.

In den letzten Jahrhunderten war das Camargue-Pferd vor allem das Reittier der *gardiens*, der ›Cowboys‹ der Camargue, und diesem Zweck dient es nach wie vor. Ansonsten lebt es weiterhin wild, abgesehen davon, daß es zunehmend Touristen durch seinen schönen, aber unwegsamen Lebensraum trägt.

Doch auch bei den Feierlichkeiten zum jährlichen Jahrestag der Ankunft Sarahs, der Schutzheiligen der Roma, wird das Camargue-Pferd eingesetzt.

Es heißt, daß Sarah mit einem Schiff aus Ägypten kam. Nach ihrer Ankunft frisierte sie ihr langes, rot-braunes Haar, und die Olivensamen, die sie dabei aus-

kämmte, wurden vom Wind verstreut. So kamen die ersten Olivenbäume nach Frankreich. Ihre Ankunft wird jährlich gefeiert, indem man ihre Statue ins Meer hinaus trägt und anschließend in einem Triumphzug, der aus Roma und *gardiens* hoch zu Pferd besteht, in die Kirche zurückbringt.

Diese Feierlichkeiten finden im Mai statt, wenn die unbeschwerteste Phase im Leben der Roma beginnt. Im Winter, wenn die Nahrung für Mensch und Pferd knapp wird, ist das Leben der Roma beschwerlicher als das der meisten Menschen, und die weißen Pferde der Camargue finden in ihrem feuchten Lebensraum nur noch wenig Futter.

# CANADIAN CUTTING HORSE

Das Canadian Cutting Horse ähnelt dem American Quarter Horse, von dem es auch in erster Linie abstammt. Bei der Zucht legte man den Schwerpunkt jedoch auf das Geschick des Pferdes im Umgang mit Kühen und nicht so sehr auf seine Schnelligkeit, woraus sich gewisse körperliche Unterschiede ergaben.

Dieses hochintelligente Pferd kann einen Reiter den ganzen Tag lang tragen. Außerdem verfügt es anscheinend über das angeborene Talent, einzelne Kühe vom Rest der Herde zu trennen (engl.: cutting). Es erreicht eine Höhe von 152-161 cm Stockmaß und kann alle Grundfarben aufweisen, obwohl Füchse überwiegen.

Das Canadian Cutting Horse kann aufgrund der ungeheuren Kraft seiner Hinterhand geschickt und schnell auf der Stelle drehen und geht mit bemerkenswerter Geschwindigkeit aus dem Stand in den Galopp.

Früher war das Pferd für die kanadischen Rinderzüchter von unschätzbarem Wert. Heute wird es oft durch Maschinen ersetzt und verdient sein Futter auf andere Weise: Statt mit den Herden zu arbeiten, gewinnt es Preise bei Wettkämpfen, in denen es darum geht, Rinder zu separieren.

## KASPISCHES PONY

Das Kaspische Pony ist nicht größer als 100-120 cm Stockmaß und tritt überwiegend als Fuchs, Brauner, Schwarzbrauner oder Schimmel auf. Mit seinem feinen Knochenbau und dem kurzen Rücken wirkt es eher wie ein Miniaturpferd als wie ein Pony. Sein Kopf mit den

spitzen Ohren und großen Augen gleicht dem des Arabers. Mähne und Schweif sind fein und seidig.

Das Kaspische Pony ist schnell, hat einen guten Gleichgewichtssinn und springt ausgezeichnet.

Man nimmt an, daß dieses persische Pony identisch ist mit dem zierlichen mesopotamischen Wildpferd, das vor ca. 5000 Jahren bei Zeremonien eingesetzt wurde. Jahrhundertelang galt es als ausgestorben, bis im Jahre 1965 am Strand des Kaspischen Meeres einige Ponys kaspischen Schlages entdeckt wurden. Man brachte sie auf dem Gestüt Nourouzabad in Teheran in Sicherheit, um sie zu untersuchen. Vergleiche der Knochenstruktur und der Zusammensetzung des Blutes zeigten, daß diese Ponys den primitiven mesopotamischen Miniaturpferden in der Tat sehr ähnlich sind.

Kaspische Ponys sind zäh, robust und sehr ausdauernd. Heute fungieren sie vorwiegend als Reitponys für Kinder und im Iran auch als Rennpferde.

## CHAROLLAIS HALBBLUT

Der Charollais ist ein kräftiges, gutartiges und intelligentes Reitpferd. Er stammt halb vom Englischen Vollblut und halb vom Anglo-Araber ab und wurde ursprünglich als Kavalleriepferd gezüchtet. Inzwischen ist der Charollais jedoch als Jagdpferd beliebt.

Er erreicht eine Höhe von 150-160 cm Stockmaß und ähnelt seinen nahen Verwandten Bourbonnais und Nivernais so sehr, daß man normalerweise alle drei Rassen unter dem Namen **Demi-Sang Charollais** zusammenfaßt. *Keine Abbildung.*

## CHINCOTEAGUE und ASSATEAGUE

Diese beiden Ponyarten, benannt nach zwei kleinen Inseln mit moderatem Klima im Südosten der Vereinigten Staaten, sind kaum voneinander zu unterscheiden. Es gibt keine Farbregeln, doch Pinto-Färbung dominiert.

Obwohl beide Arten nur eine Größe von 120 cm Stockmaß erreichen, gleicht ihr Körperbau eher dem eines kleinen Pferdes als dem eines Ponys.

Vom Charakter her sind sie starrköpfig und widerspenstig, können aber dennoch gute Reittiere abgeben.

Es ist nicht ganz klar, wie diese Ponys auf die Inseln gelangten. Man nimmt an, daß sich ihre Vorfahren schwimmend aus einem vor der Küste Virginias gesunkenen Schiff an Land gerettet haben.

77

## CLEVELAND BAY

Der Cleveland Bay ist vermutlich das Kutschpferd, das auf den Britischen Inseln am längsten gezüchtet wird. Mit Sicherheit ist er jedoch die dauerhafteste Rasse dieses Schlages. Auf Anregung Elisabeths II. hin wurde in den 60er Jahren die Zucht mit den wenigen Nachfahren dieses Pferdes wiederaufgenommen. Obwohl der Cleveland Bay für heutige Kutschrennen aufgrund seiner Größe fast zu sperrig ist, konnte sich Prinz Philip mit Gespannen aus dem Besitz der königlichen Familie als Fahrer von Weltrang etablieren.

Der Cleveland Bay hat eine Größe bis zu 162 cm Stockmaß, doch hochwertige Pferde, deren Größe leicht abweicht, werden von der Cleveland Bay Horse Society

nicht disqualifiziert. Das Pferd sollte von kastanienbrauner Farbe sein, mit schwarzem Langhaar und schwarzen Beinen. Graue Haare in Schweif oder Mähne gelten als sicheres Zeichen für reines Cleveland-Blut.

Der Cleveland Bay stammt vom ›Chapman‹ ab, dem Pferd der fahrenden Händler im Mittelalter. Durch den Vollbluteinschlag ist der Cleveland Bay der Aristokrat unter den heutigen Kutschpferden.

## CLYDESDALE

Der Clydesdale, eine der vier britischen Kaltblutrassen, ist der einzige schottische Vertreter dieses Schlages. Die weißen Abzeichen auf Gesicht und Beinen und der starke Behang an den Beinen, der oft bis unter den Bauch

reicht, sind seine auffälligsten Erkennungsmerkmale. Das übrige Haarkleid ist meist von brauner, schwarzbrauner oder schwarzer Farbe. Manchmal gibt es auch Rotschimmel.

Wie die meisten Britischen Kaltblüter stammt der Clydesdale von flämischen Hengsten ab, die im frühen 18. Jahrhundert als Last- und Arbeitstiere importiert wurden. Die Zucht dieser Rasse kurz nach ihrem Eintreffen in Schottland hatte ihren Grund in der Entwicklung des ergiebigen Kohlenreviers in Lanarkshire, welches damals noch Clydesdale hieß. Straßen, die in das Revier führten, wurden bald soweit verbessert, daß sie auch von Wagen befahren werden konnten. Die trittsicheren, jedoch wenig belastbaren Packpferde wurden allmählich von kräftigeren, wuchtigeren Tieren abgelöst, die weitaus größere Gewichte auf Karren transportieren konnten. Die Minenbesitzer kreuzten also ihre kräftigsten Stuten mit den massigen flämischen Hengsten, und das Resultat dieser Kreuzungen ist als Clydesdale bekannt.

Der fügsame, tatkräftige Clydesdale hat seither in der schottischen Land- und Forstwirtschaft wertvolle Dienste geleistet. Außerdem war er ein wertvolles Exportgut, das sich in den Vereinigten Staaten (1878 wurde die American Clydesdale Horse Association gegründet), Australien, Neuseeland, Kanada, Rußland und Deutschland großer Beliebtheit erfreute.

Heutzutage wird dieser freundliche Pferderiese jedoch nicht mehr als Zugtier für die Pflugschar gezüchtet, sondern eher, um reich geschmückt bei einer Pferdeshow aufzutreten.

## COMTOIS

Der Comtois, ein kleines, stämmiges Arbeitspferd, stammt aus den Bergen an der französisch-schweizerischen Grenze. Er ist kühn, trittsicher und robust und erreicht eine Höhe von 143-153 cm Stockmaß. Es dominieren Braune, doch auch Füchse treten häufig auf. Sein Aussehen gleicht dem eines Postier-Bretonen.

Der kräftig gebaute Comtois erträgt auch extreme Wetterverhältnisse. Er kann sowohl Schlitten im Winter wie auch Baumstämme in einem warmen, feuchten Sommer ziehen. *Keine Abbildung.*

## CONNEMARA-PONY

Das Connemara-Pony ist wohl das beliebteste irische Pony. Es ist nach einer Grafschaft im äußersten Westen

Irlands benannt, in deren Bergen und Sümpfen es schon lebte, bevor die Menschen von ihm Kenntnis nahmen. Vermutlich stammt es von Pferden ab, die von den Schiffwracks der Spanischen Armada an die Küste schwammen und im Laufe der Jahrhunderte, aufgrund des kälteren Klimas, allmählich kleiner wurden. Durch Eingriffe des Menschen, vor allem das Einkreuzen von Vollblutpferden und walisischen Rassen, erhielt er seine endgültige Gestalt.

Das heutige Connemara-Pony erreicht eine Größe von 130-142 cm Stockmaß und gehört zu den besten und trittsichersten Reitponys der Welt. Vor allem für die Zucht von Springern und Pferden für Vielseitigkeitsprüfungen ist der Connemara von großer Bedeutung.

Bei reichhaltiger Fütterung kann das Pony leicht die Statur eines Pferdes erreichen. Typische Vertreter dieser Rasse behalten ihre charakteristischen Eigenschaften jedoch am ehesten, wenn sie knapp gehalten werden.

## CRIOLLO

Dieses kleine argentinische Pony (140-150 cm Stockmaß), das von den Gauchos auf den riesigen Ebenen im Inneren des Landes geritten wird, besitzt einen kraftvollen, muskulösen Körper, kurze, kräftige Beine und ein rasches Auffassungsvermögen, weswegen es sich hervorragend zum Absondern von Rindern eignet. Es erlahmt fast nie und kann in extremen klimatischen Verhältnissen sowie mit einem Minimum an Nahrung überleben.

Der klassische Criollo ist ein Falbe mit dunkelbraunem Aalstrich und schwach ausgeprägten Zebrastreifen.

Daneben sind Palominos, Tiger und Schecken häufig, doch auch Füchse, Braune, Rappen und Schimmel kommen vor.

Wie fast alle südamerikanischen Pferde hat der Criollo spanisches Blut. Er stammt von Andalusiern, Berbern und Arabern ab, die Tausende von Meilen entfernt gezüchtet und auf Segelschiffen über den Atlantik gebracht wurden. Seine geringere Größe ist darauf zurückzuführen, daß er 300 Jahre lang wild lebte, und man vermutet, daß die gedämpfte Färbung des Fells als natürlicher Schutz entstanden ist.

Die Popularität, die der Criollo weltweit genießt, ergibt sich aus seiner angeborenen Eignung als Polo-Pony.

## DALES-PONY

Dieses große, starke Pony (140-142 cm Stockmaß) stammt aus den Yorkshire Dales in Nordengland und kommt als Rappe, Dunkelbrauner oder Schwarzbrauner vor. Kleine, weiße Abzeichen sind akzeptabel, größere gelten jedoch als rassenuntypisch.

Sein Wesen ist sanftmütig und sensibel, und wegen seiner Kraft eignet es sich ideal zum Pony-Trecking. Vor zwei- bis dreihundert Jahren benutzte man es, um Blei von den Minen zur Küste zu transportieren. Dann kam es in der Landwirtschaft zum Einsatz, und wenig später wurde es zur Verbesserung seiner Geschicklichkeit mit einem Welsh-Cob-Traber gekreuzt. Das Dales-Pony wurde auch als Reittier geschätzt, doch trotz seiner vie-

len Talente war es durch die Industrialisierung und die Erfindung des Autos vom Aussterben bedroht. Sein Wiederaufleben verdankt es größtenteils dem gegenwärtigen Geschäft mit dem Pony-Trecking.

## DONAUPFERD

Das attraktive, kompakte Donaupferd mit seinem hübschen, ausdrucksvollen Kopf, der massigen Hinterhand und den kräftigen Beinen (die, ähnlich wie beim American Quarter Horse, trügerisch schmal wirken), strahlt Kraft und Vitalität aus, ohne jedoch grob zu wirken.

Obwohl es als Reitpferd und, gekreuzt mit Vollblütern, sogar zum Springen hervorragend geeignet ist, wird es in seiner Heimat Bulgarien erstaunlicherweise vorwiegend als Arbeitspferd eingesetzt.

Das Donaupferd ist eine Schöpfung des 20. Jahrhunderts aus dem staatlichen Gestüt bei Pleven. Es erreicht eine Größe von 152 cm Stockmaß und kommt gewöhnlich als Rappe oder Dunkelfuchs vor. Außerhalb Bulgariens sieht man es selten. *Keine Abbildung.*

## DARASHOURI

Der Darashouri ist eine fast unbekannte Rasse. Er ist ein hervorragendes, wenn auch kleines Reitpferd, das in Aussehen und Bewegungen dem Araber gleicht. Sein Fell ist seidig und kommt in den meisten Grundfarben vor. Im Durchschnitt erreicht er eine Größe von 150 cm Stockmaß, hat ein sehr leichtes Gebäude und verbindet Eleganz, Robustheit und Ausdauer. *Keine Abbildung.*

# DARTMOOR PONY

Anläßlich einer Fahrt ins Dartmoor schrieb ein Reisender im Jahre 1820: Im Dartmoor gibt es eine Ponyrasse, die in jener Umgebung sehr beliebt ist. Diese Tiere sind trittsicher und robust und verfügen über ein bewundernswertes Geschick zur Fortbewegung auf den unebenen Wegen und den öden Hügeln jener bergigen Gegend. Das Dartmoor-Pony ist größer als das Exmoor-Pony (damals war es das vielleicht noch) und sogar noch häßlicher. Es lebt dort nahezu in seiner Wildform.

Der damalige Gefängnisdirektor Captain Colgrove wollte unbedingt eines dieser Tiere besitzen, dessen Gestalt der seiner Artgenossen überlegen war; und mit der Unterstützung einiger Männer gelang es ihm, das besagte Tier von der Herde zu trennen. Sie trieben es auf einen Felsvorsprung. Ein Mann verfolgte es zu Pferd, während Captain Colgrave unten stand und die Verfolgung beobachtete. Das kleine, in die Enge getriebene Tier sprang einfach über Pferd und Reiter hinweg und entkam.‹

Seit Menschengedenken gibt es in den Mooren um den Fluß Dart im Südwesten Englands kleine, robuste Reitponys, doch bis Ende des 19. Jahrhunderts variierten sie vom Typ her so sehr, daß niemand auf die Idee kam, sie als Rasse zu registrieren.

Die erste urkundliche Erwähnung des Dartmoor-Ponys stammt aus dem Jahr 1012. Vom 12. bis zum 15. Jahrhundert wurde es domestiziert und zum Transport von Zinn aus den Minen Cornwalls eingesetzt. Als die Minen erschöpft waren, ließ man viele Pferde wieder frei und behielt nur wenige für die Landwirtschaft.

Anfang des 20. Jahrhunderts waren nur noch drei deutlich unterscheidbare Herden übrig. Eine bestand vorwiegend aus Falben mit Milchmaul, eine aus Dunkelbraunen mit schwach ausgeprägtem Milchmaul, und die dritte aus Schimmeln.

Im Zweiten Weltkrieg, als die Armee das Gebiet vereinnahmte, wurden die Dartmoor-Ponys stark dezimiert. Seitdem wird ihre Regeneration sorgfältig überwacht, und bei der Zucht hält man sich streng an die Rassenstandards.

Das heutige Dartmoor-Pony ist robust und flink, und seine Größe bleibt unter 122 cm Stockmaß. Es ist gutartig, ruhig und eignet sich ideal als erstes Pony für Kinder.

## DØLE-GUDBRANDSDAL

Der Døle-Gudbrandsdal ist die wichtigste und am weitesten verbreitete Pferderasse Norwegens. Das kleine, stämmige Pferd gleicht sowohl dem kräftigen, nordenglischen Dales-Pony als auch dem schwarzen Friesen aus Holland. Spekulationen darüber, wer von wem abstammt, führen wohl zu nichts: Mittelgroße, robuste Rappen und Beinahe-Rappen vom Kaltblutschlag gibt es überall an der Nordsee. Sie stammen vermutlich alle von den prähistorischen Wald- und Steppenpferden ab.

Der heutige Døle-Gudbrandsdal zeigt auch Merkmale, die auf Vollbluteinschlag deuten, denn er ist vitaler als die meisten Kaltblüter. Die Kreuzung mit anderen Rassen hat zu einer Vielfalt von Døle-Schlägen geführt.

Das Ergebnis ist ein extrem robustes Pferd, das sich hervorragend für alle landwirtschaftlichen Arbeiten eignet, aber auch bereit ist, bei Temperaturen unter dem Gefrierpunkt Baumstämme zu ziehen. Darüber hinaus ist es ein ruhiges, trittsicheres Reitpferd.

Seine durchschnittliche Größe liegt bei 150 cm Stockmaß. Vorherrschend sind Rappen, Schwarzbraune und Dunkelbraune, die aber meist zum Rappen tendieren. Das Haarkleid ist, wie bei dem kalten Klima nicht anders zu erwarten, sehr dicht, Mähne und Schweif sind lang und voll und die Ballen dicht behaart.

Im Zweiten Weltkrieg erreichte die Nachfrage nach Døle-Pferden aufgrund der Treibstoffrationierung ihren Höhepunkt. Seitdem hat es als Arbeitspferd jedoch an Bedeutung verloren und wird eher zum Reiten benutzt.

## DØLE-TRABER

Der Døle-Traber, das norwegische Gespannpferd, erreicht eine Größe von 150 cm Stockmaß und ist ein klassisches Beispiel für die zielgerichtete Verfeinerung des Døle-Gudbrandsdals.

Die Züchter entwickelten den Døle-Traber vor etwa 150 Jahren aus einheimischen Pferden, um dem damals herrschenden Bedürfnis nach attraktiven und beweglichen Pferden, die leichte Wagen ziehen konnten, nachzukommen. So holte man sich im Jahre 1841 den Vollbluthengst Odin aus England, um dem alltäglichen Døle-Pferd etwas mehr Schnittigkeit zu verleihen. Spätere Zugaben von Traberblut steigerten die Leistungsfähigkeit sogar noch. *Keine Abbildung.*

# DONPFERD

Das kräftige russische Donpferd ist ein vitales, geschicktes und ruhiges Reitpferd. Sein Gebäude ist zwar oft fehlerhaft und seine Bewegungen sind eher enttäuschend, doch es verfügt über solch herausragende Ausdauer und Robustheit, daß sein Ruhm in die Geschichte einging.

Die Kosaken ritten ihre unentwegten Attacken auf Donpferden , während die Pferde Napoleons beim aufreibenden Rückzug aus Moskau im harten Winter 1812 vor Schwäche verendeten. Nachdem die Franzosen schließlich vertrieben waren, überstanden die Kosakenpferde auch noch den langen, beschwerlichen Rückweg nach Moskau. Spätere Einflüsse von Orientalen-Blut machten das Pferd größer und attraktiver.

Das Donpferd besitzt immer noch eine ungewöhnliche Ausdauer. Es erreicht eine Höhe von 160 cm Stockmaß, und sein Fell zeigt oft einen goldenen Schimmer.

## DÜLMENER

Das westfälische Dülmener Pony ist die letzte der in Deutschland heimischen Wildponyrassen. (Die andere, der Senner, lebte im Teutoburger Wald.) Es gibt nur noch wenige Exemplare: Die einzige Herde, die aus ca. 100 Stuten besteht, lebt halb wild in einem Reservat im Meerfelder Bruch und befindet sich in Privatbesitz.

Der Dülmener ist vermutlich nicht ganz reinrassig, sondern verdankt seine Abstammung polnischen und britischen Ponyhengsten. Umgekehrt hat der Dülmener wiederum einen Beitrag zum Hannoveraner geleistet.

Er erreicht eine Größe von 123 cm Stockmaß und kommt für gewöhnlich als Falbe, Rappe oder Schwarzbrauner vor.

## NIEDERLÄNDISCHES KALTBLUT

Das massive niederländische Zugpferd ist zum größten Teil belgischer Abstammung und sieht dem Brabanter oder Belgischen Kaltblut sehr ähnlich. Es wurde als Rasse erst relativ spät weiterentwickelt: Einträge im Stutbuch gibt es erst seit 1925. Füchse, Braune und Schimmel dominieren.

Mit einer Größe von 163 cm Stockmaß ist es sehr groß. Es hat einen Keilkopf, weitgeöffnete, intelligente Augen und kleine, bewegliche Ohren. Der Nacken ist kurz und kräftig und das Vorderteil mit der riesigen Herzgegend und dem niedrigen Widerrist massiv. Die Gurtentiefe ist beträchtlich, und der weite Rippenbogen umspannt einen kraftvollen Körper, der von kurzen, muskulösen Beinen getragen wird. Hinterhand und Lenden sind sehr muskulös.

Das Pferd hat ein ruhiges und freundliches Wesen und kann bei Bedarf schwer arbeiten. Es bewegt sich geradlinig und leicht und hat eine gute Haltung.

Das Niederländische Kaltblut stammt von den alten seeländischen Pferden ab, deren Blut mit Brabanter-, Ardenner- und Orientalenblut gemischt wurde. Das Zuchtziel war ein Pferd mit lebendigerem und aktiverem Charakter, das für den leichten holländischen Boden geeignet war. *Keine Abbildung.*

## OSTBULGARISCHES PFERD

Das Ostbulgarische Pferd ist ein ausgezeichnetes Reitpferd mit einer Größe um die 160 cm Stockmaß. Es ist größtenteils von Vollblut-Abstammung, allerdings mit Araber- und Anglo-Araber-Einschlag. Die Rasse wurde im frühen 20. Jahrhundert festgelegt, seitdem wird bei der Zucht nur noch Vollblut eingekreuzt.

Die Entwicklung dieses Pferdes erfolgte auf zwei staatseigenen Gütern und sollte ein Tier hervorbringen, das sowohl für die Landwirtschaft als auch als Reitpferd geeignet war. Pferde, die so viel Stärke und Geduld haben, daß sie einen Pflug ziehen können, und zugleich feurig und schnell genug sind, um Rennen zu gewinnen, sind selten. Das Ostbulgarische Pferd scheint allerdings eine natürliche Eignung für den Rennsport mitzubrin-

gen. Es erzielte gute Resultate im berühmten ›Pardubice‹ der ehemaligen Tschechoslowakei, einem strapaziösen Rennen, das größtenteils über umgepflügte Felder geht.

## OSTFRIESE

Früher gehörten der Ostfriese und der Oldenburger zur gleichen Blutlinie. Erst später verlief die Entwicklung beider Rassen getrennt. Der Ostfriese wurde durch den Einfluß von Araberblut kleiner und feuriger als sein Gegenstück.

Heute ist der Ostfriese ein hochwertiges Reitpferd, dem Oldenburger zwar ähnlich, aber ausgestattet mit einem feineren Kopf und leichterem Knochenbau. Er erreicht eine Höhe von 160-162 cm Stockmaß.

# EINSIEDLER PFERD
# (SCHWEIZER HALBBLUT)

Das große, vielseitige Einsiedler Pferd, dessen Äußeres an das des Anglo-Normannen erinnert, ist das beste Schweizer Reitpferd. Die Rasse ist das Ergebnis einer sorgsamen Auswahl von Vollblütern und den besten heimischen Stuten. Die Wahl der Hengste, denen die Ehre zuteil wird, sich mit einer Schweizer Stute zu paaren, erfolgt aufgrund von Leistungsnachweisen und umfaßt Pferde von gemischter europäischer Herkunft. Die Hengste müssen zudem über ein gutes Gebäude verfügen und eine Mindestgröße von 162 Stockmaß haben.

Das heutige Einsiedler Pferd ist ein hochwertiges Allround-Pferd vom Halbblut-Schlag.

# EXMOOR-PONY

Das Exmoor-Pony gilt als die älteste britische Ponyrasse.
Nirgendwo findet sich ein Hinweis darauf, wie es in die
Moorgebiete im Südwesten Englands gelangte, in denen
es lebt. Man nimmt an, daß seine Vorfahren zu Fuß kamen, bevor die britischen Inseln vom Kontinent abge-
trennt wurden.

Die Ponys erreichen eine Höhe von 112-123 cm
Stockmaß; Braune, Schwarzbraune und Falben überwiegen. Ihre großen, hervorstehenden ›Froschaugen‹ sind
schräger und haben schwerere Lider als die anderer Rassen.

Ein charakteristisches Merkmal aller Exmoor-Ponys
ist das sahnefarbene Maul, durch das es aussieht, als
wäre sein Maul in einen Sack mit Mehl getaucht worden. Das Haarkleid ist merkwürdig hart und elastisch.
Im Sommer liegt es eng am Körper und glänzt wie Messing, während es im Winter lang und zottig wird und
seinen Glanz verliert.

Das Exmoor-Pony ist klein, robust, geschickt und verfügt für seine Größe über enorme Kräfte. Ein Schriftsteller des frühen 19. Jahrhunderts berichtet, daß ein Reiter eines der Ponys über sechs Meilen ritt und noch niemals zuvor so viel Kraft und Gewandtheit auf so engem Raum verspürt hatte. Um seine Fähigkeiten zu demonstrieren, setzte das Pony mit ihm über ein Tor, das seinen Rücken um mindestens acht Zoll überragte; und sein Eigentümer, der an die 180 Pfund auf die Waage brachte, ritt auf ihm von Bristol nach South Moulton, eine Entfernung von 86 Meilen, und war schneller als die Kutsche.

Kreuzungen zwischen Exmoor-Ponys und größeren Pferden zeigen nur selten dieselbe Kraft. Die Intelligenz und die katzenartige Sprungtechnik aber bleiben erhalten, und so entstanden aus solchen Kreuzungen großartige Jagdpferde, Springer und Vielseitigkeits-Pferde.

## FALABELLA

Der Falabella ist das kleinste Pferd der Welt. Er stammt aus Argentinien und ist nach der Familie Falabella benannt, auf deren Ranch Recreo de Roca bei Buenos Aires er durch Kreuzung eines kleinen Vollbluthengstes mit einer Stute der kleinsten Shetland-Art entstand.

Der Falabella hat die unwahrscheinliche Größe von 70 cm Stockmaß und kann unter einem Eßtisch hindurchspazieren. Seine Proportionen sind eher die eines Miniaturpferdes als die eines Ponys. Alle Farben gelten für diese Winzlingsrasse als akzeptabel, die Zeichnung eines Appaloosa wird jedoch bevorzugt.

Der Falabella ist ein freundliches und intelligentes Tier, doch es gibt kaum eine praktische Verwendungsmöglichkeit für ihn, es sei denn als Haustier.

# FELL-PONY

Das robuste und dabei gutmütige Fell-Pony stammt aus den nördlichsten englischen Grafschaften und war früher bei den Dorfärzten sehr beliebt. Mit einer Größe von 130-140 cm Stockmaß ist es etwas größer als sein naher Verwandter, das Dales-Pony. Es kommt als Rappe, Schwarzbrauner und Brauner vor, vorzugsweise ohne weiße Abzeichen.

Das Fell-Pony ist ein typischer Vertreter jener stämmigen Ponyrassen, die man rund um die Nordsee findet, doch die gut entwickelten Schultern machen es zu einem komfortableren Reittier als die meisten seiner Verwandten. Kreuzungen mit größeren Vollblut-Pferden bringen trittsichere, ruhige Jagdpferde hervor.

Einst leistete es Dienste bei der Bewirtschaftung der Bergbauernhöfe; heute ist es als Trecking-Pony beliebt.

## FINNISCHES PFERD

In Finnland beurteilt man Pferde nach ihren Leistungen und kümmert sich wenig um Aussehen und Stammbaum. Das Finnische Pferd ist ein relativ großes Vielzweck-Pferd (ca. 152 cm Stockmaß), das die angenehme Wesensart und Ausdauer der Kaltblutrassen mit der Schnelligkeit und Kühnheit eines Warmbluts verbindet.

Das Finnische Pferd ist robust und langlebig und hat, besonders im Trab, geradlinige Bewegungen. Durch das dichte Haar an Schweif und Mähne und den starken Behang ist das Tier gut gegen die eisigen Winter im Osten Europas geschützt. Es dominieren Füchse, aber auch Falben, Dunkelbraune und Rappen sind akzeptabel. Das Finnische Pferd ist ein gutes Arbeitspferd und zugleich ein angenehmes Reitpferd.

# FJORD-PONY

Das norwegische Fjord-Pony gehört zu den wenigen Rassen, deren Aussehen sich vermutlich seit der Vorzeit kaum verändert hat. Sein Körperbau ist kräftig, und sein Äußeres mit der steil aufgestellten Mähne wirkt urzeitlich. Typisch sind Falben oder Isabellen mit Aalstrich und Zebrastreifen auf Vorder- und Hinterbeinen. Schweif und Mähne sind schwarz-silbern, wobei zu beiden Seiten des schwarzen Mähnenkamms hellere Haare wachsen. Das Fjord-Pony erreicht eine Höhe von 130-142 cm Stockmaß.

Die Wikinger schätzten es vor allem wegen seiner Eignung als Kampfpferd. Es wird noch heute auf den norwegischen Bergbauernhöfen eingesetzt, da es jedes Motorfahrzeug an Ausdauer und Robustheit übertrifft.

## FRANCHES MONTAGNES

Dies ist ein Pferd vom Cob-Schlag, das eine durchschnittliche Größe von 150 cm Stockmaß erreicht. Es hat einen langen, tiefliegenden Rumpf, der von kurzen, schwerknochigen Beinen mit wenig Behang getragen wird. Schultern und Hinterhand sind extrem kräftig. Der Hals ist kurz und dick, wogegen der Kopf mit den kleinen, aufgestellten Ohren vergleichsweise edel wirkt.

Der Franches Montagnes wurde vor ca. 100 Jahren im Schweizer Jura gezüchtet. Reithengste, die zur Hälfte von Vollblutabstammung waren, wurden mit heimischen Stuten gekreuzt; zur Abrundung kam Blut von Ardenner Kutschpferden hinzu. Das Ergebnis ist ein intelligentes, starkes Pferd, das gut für die Berge geeignet ist.

# FREDERIKSBORGER

Der Frederiksborger, ein kräftiges und lebhaftes Zugpferd, kommt für gewöhnlich als Fuchs vor und hat eine Größe von 160 cm Stockmaß. Sein Körperbau ist dem des eleganten Kutschpferdes Cleveland Bay ähnlich.

Diese dänische Rasse ist eine Verfeinerung des mittelalterlichen Pferdes aus königlichem Gestüt, das 1562 von Friedrich II. zur Zucht von intelligenten Kavalleriepferden gegründet wurde. Diese Pferde wurden so populär, daß man die meisten ins Ausland verkaufte. Schließlich waren nur noch wenige Zuchtexemplare übrig, so daß das Gestüt im Jahre 1839 aufgelöst werden mußte. Wegen der Zuführung von Fremdblut besteht nur noch eine dünne Verbindung zwischen dem heutigen Frederiksborger und jener alten Rasse.

## FREIBERGER REITPFERD

Beim Freiberger Reitpferd handelt es sich um ein kräftiges, kompaktes Reitpferd, das vor allem für seine Trittsicherheit bekannt ist. Es ist eine größere und leichtere Version des mit ihm verwandten Franches Montagnes. Durch Einkreuzung von Araber- und Anglonormannen-Blut in die stämmige Rasse des Franches Montagnes ist ein großartiges Reitpferd entstanden: Der Freiberger ist aufgeweckt, intelligent, gehorsam und gutartig und verfügt darüber hinaus über einen Körperbau, der ihn außerordentlich belastbar macht.

Er erreicht eine Größe von 152-161 cm Stockmaß und kann in allen Grundfarben vorkommen.

# FRANZÖSISCHES REITPFERD

Das *Cheval de Selle Français*, wie man es in seiner Heimat nennt, gehört zum hochwertigen Halbblut-Schlag, der Schnelligkeit, Ausdauer und Sprungkraft besitzt. Es ist ein Turnierpferd und kommt vor allem bei Rennen zum Einsatz, aber auch bei Springturnieren, Vielseitigkeits-Tests und Geländerennen.

Die Pferde erreichen im allgemeinen eine Größe von 150-160 cm Stockmaß. Die Rasse als solche existiert nicht in Reinzucht, sondern stellt eine Mischung von Vollblütern, Arabern, Angloarabern und Französischen Trabern mit hochwertigen heimischen Stuten dar. Das Ziel all dieser Kreuzungen war und ist die Entwicklung

eines Reitpferdes mit eleganter Erscheinung und beweglichem, kräftigem Körper. Das Französische Reitpferd gehört zu jener Sorte Pferde, die besonders bei der Kavallerie beliebt gewesen wäre (doch leider wurde dieses anscheinend erst 1958 erkannt).

Aufgrund der Mischzucht gibt es bislang keinen standardisierten Typ, und die heutigen Französischen Reitpferde werden erst mit ihrem vierten Lebensjahr klassifiziert, also wenn sie beinahe erwachsen sind. Für Turniere werden sie aufgeteilt in Mittelgewicht und Schwergewicht und überdies in Klassen von kleinen (153 cm Stockmaß und darunter), mittelgroßen (154-161 cm Stockmaß) und großen (über 161 cm Stockmaß) Pferden. Alle Farben sind akzeptabel, wobei Füchse und Braune dominieren.

## FRANZÖSISCHER TRABER

Frankreich ist das einzige Land, in dem man Trabrennen noch als Rennen mit Reiter praktiziert. Dies ist der Grund, warum der Französische Traber mit seiner Größe von etwa 162 cm Stockmaß größer und kräftiger ist als international üblich. Er muß Lasten bis zu 72,5 kg tragen können, und das über recht weite Entfernungen.

Als Rasse wurde der Französische Traber 1922 anerkannt. Bis dahin kreuzte man über einen Zeitraum von mehr als 100 Jahren heimische Stuten mit Englischen Vollblütern, mit Trabern vom ehemals berühmten und jetzt ausgestorbenen Typ des Norfolk Roadster sowie mit den flinken Trabern des American Standardbred. Das Ergebnis ist ein Traber, dessen Schnelligkeit inter-

national anerkannt ist und der zudem über eine einzigartige Ausdauer verfügt.

## FRIESISCHES PFERD

Der Friese gehört zu den ältesten Pferderassen. Man glaubt, daß er von einem schweren Kaltblutpferd abstammt, das vor ungefähr 3000 Jahren im Norden Hollands, in Friesland, lebte. Seine tiefschwarze Färbung (weiße Abzeichen sind unerwünscht), das längliche Gesicht, die kurzen, spitzen Ohren und die Gurtentiefe, die geringer ist, als es die kräftige Hinterhand und die starken Beine vermuten lassen, machen ihn unverwechselbar. Mähne, Schweif und Behang sind extrem üppig.

Der Friese hat ein bemerkenswert angenehmes Naturell, das Beschreibungen wie ›fröhlich‹, ›loyal‹ und

›sehr einfühlsam‹ verdient. Er ist ein ausgezeichnetes
Kutschpferd – ein Sieger bei Weltmeisterschaften – und
überdies ein Arbeitspferd für jeden Zweck.

## FURIOSO

Der Furioso ist ein starkes, vielseitiges Reitpferd mit ed-
lem Kopf. Er erreicht eine Größe von etwa 160 cm
Stockmaß. Die Rasse wurde vor ca. 150 Jahren in Ungarn begründet und erfreut sich seitdem in den osteuro-
päischen Ländern großer Beliebtheit. Beim Springen
und Dressurreiten sowie in Vielseitigkeits-Prüfungen
und bei Hindernis-Rennen erzielt er überragende Ergebnisse. Außerdem gibt er ein imposantes Wagenpferd ab.
   Die Rasse stammt von dem Englischen Vollblut-
Hengst Furioso ab, den das ungarische Gestüt in Me-

zöhegyes im Jahre 1841 erwarb und mit heimischen Nonius-Stuten kreuzte. Weiterer Vollblut-Einfluß – insbesondere der von North Star in den 50er Jahren des 18. Jahrhunderts – trug zur Verfeinerung bei.

## GALICENO

Der Galiceno ist klein (120-131 cm Stockmaß), leicht gebaut und in Amerika sehr beliebt. Sein Ursprung liegt in Galizien, im Nordwesten Spaniens, von wo aus er mit den Conquistadores nach Mexiko gelangte.

Vom Typ her ist er mit seinem schmalen Körper auf den langen Beinen und den großen Augen in seinem edlen Kopf eher ein kleines Pferd als ein Pony. Er ist robust, intelligent und sanft und hat von Natur aus einen eigenartigen, gleichförmigen Rennschritt.

## GARRANO

Der Garrano ist ein kleines (100-120 cm Stockmaß) und hübsches Pony, das meist als Dunkelfuchs vorkommt. Seit Urzeiten lebt er auf den üppigen portugiesischen Bergweiden von Garrano do Minho und Traz de Montes. Obwohl er klein und leicht gebaut ist, verfügt er über große Kraft und wird als Lastpony sowie in der Landwirtschaft eingesetzt. *Keine Abbildung.*

## GELDERLÄNDER

Aus der Kreuzung dieser alten niederländischen Rasse, die gute, kräftige Kutschpferde mit aufrechter Kopfhal-

tung und stilvollen Bewegungen hervorbringt, mit dem schwereren Groninger Arbeitspferd ging das Niederländische Warmblut hervor, ein Pferd mit besonderer Kraft und Sprungfertigkeit.

Gelderländer haben einen eher unscheinbaren Kopf, der jedoch einen intelligenten Ausdruck zeigt. Der Rumpf ist kompakt, stark und von beträchtlichem Umfang. Hinterhand und Beine sind kraftvoll, der Schweif ist hoch angesetzt und wird übertrieben hoch gehalten. Die Beine sind relativ kurz und haben runde, harte Hufe.

Der Gelderländer erreicht eine Größe von 152-160 cm Stockmaß, Füchse und Schimmel überwiegen. Er ist fügsam und sanft, dabei jedoch sehr agil.

# DEUTSCHER TRABER

Der Deutsche Traber ist recht attraktiv, verfügt über einen ausdrucksvollen Kopf und erreicht eine Größe um 153 cm Stockmaß. Sein Rumpf ist gut entwickelt und robust, die Hinterhand mager und muskulös, und mit seinen kräftigen Beinen vollzieht er großartige Bewegungen mit langen Schritten. Die Rasse wird auf einem genau bemessenen Standard gehalten, der durch ein System von Hindernisrennen über 1000 Meter auf der Basis von Schnelligkeit ermittelt wird.

Die ursprüngliche Grundlage der heutigen Deutschen Traber stammt vom Orlow-Traber und wurde durch Einschläge vom American Standardbred und vom Französischen Traber verbessert.

## GOTLANDSPONY

Dieses freundliche kleine Pony (120-132 cm Stockmaß) ist die älteste skandinavische Ponyrasse und lebt
seit Menschengedenken auf der schwedischen Insel
Gotland. Es gilt als ein direkter Nachfahr des Tarpan
und weist viele Eigenschaften auf, über die auch die tar-
panähnlichen Ponyrassen Konijk und Huçul verfügen.

Trotz der offenkundigen Mangelhaftigkeit der Knochenstruktur in den Hinterbeinen hat das Pony einen
guten Schritt und Trab (allerdings einen schlechten Galopp) und ist ein exzellenter Springer.

Man nimmt an, daß dem Gotlandspony vor mehr als
hundert Jahren orientalisches Blut zugeführt wurde.

## GRIECHISCHE PONYS

Das **Skyros-Pony** (*abgebildet*) ist das kleinste der mageren und zähen Ponys, die das griechische Klima mit seinen heißen Sommern und den kalten Wintern überstehen. Es erreicht eine Größe von 91-110 cm Stockmaß und lebt die meiste Zeit des Jahres wild in den Bergen der Insel Skyros. Versuche, größere Ponys zu züchten, schlugen fehl, da sie dem harten Winter nicht mehr gewachsen waren.

Auf dem Festland, in den Bergen von Thessalien und Epirus, wird seit der Antike das **Pindos-Pony** gezüchtet, das eine Größe von 120-130 cm Stockmaß erreicht. Es wird als Lasttier und in der Landwirtschaft eingesetzt und wird bei der Zucht von Maultieren benutzt. Auf dem Peloponnes trifft man auf die etwas größeren, orientalisch wirkenden **Peneischen Ponys**.

# GRONINGER PFERD

Der stämmige holländische Groninger, der zu den älteren Rassen gehört, ist mit seiner Größe von 152-160 cm Stockmaß ein relativ großes Pferd. Er ist ein angenehmer, genügsamer Gefährte mit gesunder Konstitution, dessen Arbeitskraft auch bei karger Kost erhalten bleibt.

Vom Naturell her ist er sanftmütig, folgsam und ausdauernd. Er besitzt trotz der eher langen Ohren einen hübschen Kopf und trägt den hoch angesetzten Schweif sehr aufrecht. Er arbeitet gut im Geschirr, ist mit seinen stilvollen Bewegungen aber auch ein gutes, schweres Reitpferd. Die Rasse entstand aus einer Kreuzung von schweren friesischen Pferden mit Ostfriesen- und Oldenburger-Blut. Leider gibt es sie nur noch selten.

# HACKNEY

Der Hackney, der sich von jeher als Turnier- und Paradepferd weltweit großer Beliebtheit erfreut, hat die schönsten Bewegungen aller Pferderassen. Seine Brust wölbt sich elegant, und das Gelenk seines Vorderfußes schnellt mit Leichtigkeit beinahe bis ans Kinn. Seine wunderbar runden, herrlich anzusehenden Schritte wirken, als wenn sie von unsichtbaren Marionettenfäden geführt würden.

Seine Blütezeit erlebte der Hackney als Zugpferd für die hübschen, bunten Wagen der erfolgreichen Kaufleute im vorigen Jahrhundert: schimmerndes Messing, herrliches Ledergeschirr, davor ein Pferd mit glänzendem Fell, die Mähne auf dem aufrechten Hals geflochten, der Kopf mit aufgestellten Ohren in vertikaler Haltung und ein kupierter Schweif, der wie eine Flagge stolz vor dem lackierten Wagen aufragt.

Um 1755 fohlte eine Stute, die als Hackney (eine ursprünglich abwertend gemeinte Bezeichnung wie Gaul oder Klepper) beschrieben wurde, das Pferd ›Original Shales‹, gezeugt von dem Vollblut ›Blaze‹ (ein Abkömmling von ›Flying Childers‹, einem Nachkommen von ›The Darley Arabian‹, der wiederum zu den Stammvätern des Vollblutrennpferdes gehört). Trotz seiner bescheidenen Herkunft mütterlicherseits war Original Shales der Stammvater von gleich zwei englischen Trabern: dem Yorkshire und dem wesentlich berühmteren Norfolk Roadster.

Seine Nachkommen, die Vorläufer des heutigen Hackney, dienten ursprünglich vor allem als Reitpferde.

**Hackney-Pferd**

**Hackney-Pony**

Bei Traber-Wettkämpfen vollbrachten sie wahre Meisterleistungen an Schnelligkeit und Ausdauer, sowohl mit einem Reiter im Sattel als auch in der Deichsel. Als mit den neuen, geteerten Straßen das goldene Zeitalter der Kutschen und Wagen anbrach, wählte man sich die besten Traber, um sie die elegantesten Equipagen ziehen zu lassen. Dies gab den Anreiz zur Veredlung der Rasse: Durch Zufuhr von Welsh- und Fell-Pony-Blut sollte die Ausdauer, durch Kreuzungen mit Arabern und Vollblütern die Schnelligkeit und Klasse verbessert werden.

Bedingt durch die natürlichen Größenunterschiede unterteilt man Hackneys heute in die Klassen ›Hackney-Pferd‹ (mit einer Größe über 142 cm Stockmaß) und ›Hackney-Pony‹ (mit einer Größe unter 142 cm Stockmaß sowie einem eher ponyartigen Gebäude). Die größte Bandbreite an Größen findet sich in Amerika, wo die Hackneys ganz besonders beliebt sind: Die Hackney-Pferde erreichen dort eine Größe bis zu 160 cm Stockmaß, und die Ponys, die sogenannten Bantam-Hackneys, werden oftmals nicht größer als 110 cm Stockmaß.

›Konventionelle‹ Farben, also Braune, Schwarzbraune, Rappen und Füchse mit gerade so viel Weiß, um die auffälligen Beinbewegungen hervorzuheben, werden bevorzugt.

## HAFLINGER

Das Tiroler Haflinger-Pony kommt fast immer als Fuchs mit weißen Gesichtsabzeichen und dichtem, flachsfarbenem Langhaar vor. Sein Maul ist schmal und spitz.

Mit seiner Größe von ca. 140 cm Stockmaß ist es für ein Pony recht groß und stämmig und damit hervorragend zum Pony-Trecking geeignet.

Der Haflinger bleibt in den ersten vier Lebensjahren weitgehend sich selbst überlassen. Diese erste Zeit ohne den steten Einfluß des Menschen und dessen Ansprüche mag eine Ursache seiner Langlebigkeit sein: Man sagt ihm nach, daß er bis zu seinem 40. Lebensjahr arbeitsfähig bleibt.

## HANNOVERANER

Die einmalige Kombination von Balance, Intelligenz und Kraft hat dazu geführt, daß der Hannoveraner weltweit das erfolgreichste Spring- und Dressurpferd ist. Die Rasse hat ihren Ursprung im 17. Jahrhundert in Hannover und Niedersachsen und geht auf die schönen Hannoveraner Weißisabellen zurück, die nach der spanischen Königin benannt wurden und in deren Adern andalusisches Blut floß. Sie wurden im Landgestüt Celle im Herzogtum Hannover gezüchtet und bei Staatsakten als repräsentative Kutschpferde benutzt.

In jüngster Zeit wurden bei der Zucht Vollblüter und Trakehner verwendet, durch deren Einfluß die Kraft des

Hannoveraners zwar leicht abnahm, seine Einsatzmöglichkeiten jedoch erweitert wurden. Heutzutage ist der Hannoveraner ein großes, kräftiges Reitpferd mit einer Größe von 153-170 cm Stockmaß. Zugleich ist er kompakt und vielseitig. Vom Wesen her ist er kühn und intelligent und ein sehr angenehmes Reittier, da er bemüht ist, den Wünschen seines Reiters entgegenzukommen.

## HIGHLAND-PONY

Dieses größte und stärkste aller britischen Ponys ist berühmt für eine Zirkusnummer, bei der es ohne Probleme sieben ausgewachsene Reiter trug, die gemeinsam ein Gewicht von 380 Kilo auf die Waage brachten.

Bis vor kurzem gab es zwei verschiedene Typen des Highlands, heute gibt es jedoch keine offiziellen Unterschiede mehr.

Das Highland-Pony hat trotz seines ruhigen Temperaments ein gutes Reaktionsvermögen. Es ist sehr sensibel, und bei unfreundlicher Behandlung kann es unleidlich und äußerst schwierig werden. Fremden gegenüber ist es oft äußerst scheu, doch einem Besitzer, bei dem es

sich wohl fühlt, gibt es sich vorbehaltlos in die Hand und verrichtet Aufgaben, bei denen anderen Rassen die Nerven durchgehen würden. So tragen diese hartgesottenen Ponys etwa die noch warmen, blutigen Hirsche von der Jagd nach Hause.

In der Vergangenheit war das Highland-Pony das Allzweck-Arbeitstier der schottischen Pächter und Kleinbauern. Heutzutage ist es wegen seiner Trittsicherheit vor allem als Trecking-Pony beliebt. Es wird aber auch als Haustier gehalten und bei der Jagd, als Zug- und Arbeitspferd eingesetzt.

Falben-Schattierungen sind vorherrschend, normalerweise mit dunklem Aalstrich und Zebrastreifen, den Kennzeichen der Primitivrassen. Auch Schimmel, Braune, Schwarzbraune und Dunkelfüchse kommen vor, gelegentlich mit silberblondem Langhaar.

## HISPANO

Der Hispano, ein Angloaraber, der aus den spanischen Provinzen Estremadura und Andalusien stammt, ist das Ergebnis einer Kreuzung zwischen spanischen Araber-Stuten und englischen Vollblut-Hengsten. Das Resultat ist ein hervorragendes leichtes Reitpferd, das eine Größe von etwa 160 cm Stockmaß erreicht.

Der Hispano ist schnell und kühn. Er ist sehr erfolgreich bei Wettkämpfen und wird benutzt, um Jungstiere auf ihren Mut zu testen: Der Reiter schiebt den Stier mit einer Stange weg und wartet, ob er kommt und sich dem Kampf stellt. Das Pferd muß für diesen Zweck behende und reaktionsschnell sein. *Keine Abbildung.*

# HOLSTEINER

Der Holsteiner gehört zu den ältesten deutschen Warmblutrassen. Er stammt vom Marschpferd ab, das wie andere schwere Pferde im Mittelalter als Schlachtroß diente. Spanisches (andalusisches), neapolitanisches, Araber- und Berber-Blut wurden eingekreuzt, um das Pferd leichter und schneller zu machen, und im 17. Jahrhundert hatte das Pferd einen so guten Ruf, daß es sogar ins Ausland verkauft wurde.

Im 19. Jahrhundert kamen Einschläge vom Yorkshire-Kutschpferd und vom Vollblut hinzu, die das Pferd größer machten und seine Qualität verbesserten.

Der Holsteiner von heute erreicht eine Größe von über 160 cm Stockmaß und ist ein attraktives, schweres Reitpferd mit imposanter Erscheinung und außergewöhnlich guten Bewegungen. ›Granat‹, das Pferd, mit dem Christine Stückelberger die Weltmeisterschaft im Dressurreiten gewann, war ein Holsteiner. Man sieht Holsteiner aber auch bei deutschen Vielseitigkeits-Veranstaltungen (z. B. Madrigal, Ladalco) sowie bei internationalen Springturnieren (z. B. Holstein Meteor).

Alle Grundfarben sind erlaubt, als klassisch gelten jedoch Schwarzbraune und Rappen.

## HUÇUL (HUZULE)

Der Huçul ist ein starkes, urtümliches Pony vom Tarpan-Schlag, das edler wirkt, als seine Verwandtschaft mit dem Tarpan vermuten ließe. Dennoch gibt es durchaus einige, die die Abstammung des Ponys für so rein halten, daß sie es als › Wald-Tarpan ‹ bezeichnen.

Es stammt aus dem polnischen Teil der Karpaten, wo man es seit Generationen als Lastpony und in der Landwirtschaft einsetzt. Normalerweise sieht man es als Falben oder Braunen. Es hat eine Größe von 121-130 cm Stockmaß und ist ruhig und robust. *Keine Abbildung.*

## ISLANDPONY

Island wurde zuerst im Jahre 871 v. Chr. von den Wikingern besiedelt. Bis zu diesem Zeitpunkt fand sich in dem von Gletschern und Lava bedeckten Land kein einziges Tier, das größer gewesen wäre als ein arktischer Fuchs. Die Wikinger brachten in ihren offenen Schiffen Ponys von vermutlich norwegischer und nordschottischer Herkunft mit. Diese Tiere paßten sich gut an das rauhe isländische Klima an. Abgesehen von dem verhängnisvollen Versuch, orientalisches Blut einzukreuzen, in dessen Folge die Rasse jahrelang degenerierte, ist seit über 1000 Jahren keinerlei auswärtiges Blut nach Island gelangt.

Das Islandpony (120-132 cm Stockmaß) ist ein unabhängiges kleines Tier von großem Selbstvertrauen, das daran gewöhnt ist, Situationen schnell einzuschätzen, und genügend Aggressivität besitzt, um sich bei Be-

drohung zu verteidigen. In der frühen Siedlerzeit ließen die Wikinger Ponys ohne Reiter gegeneinander kämpfen. Man erwartete von den Besitzern, daß sie ihre Ponys in diesen Kämpfen unterstützten, wobei sie ebenso häufig wie die Ponys vom Gegner zerfleischt wurden.

Islandponys haben ein erstaunliches Geschick, ihren Heimweg zu finden. Wenn man auf einem Islandpony eine weite Strecke zurücklegt und es dann losläßt, findet es ohne Umwege den richtigen Weg nach Hause. Sie sind gute Allzweckponys und verfügen über fünf statt der üblichen drei Gangarten: Zu den üblichen Gängen Schritt, Trab und Galopp kommen der ›Skeid‹, ein Sprintgalopp mit hoher Geschwindigkeit, und der ›Tölt‹, ein Rennschritt.

# INDONESISCHE PONYS

Auf den indonesischen Inseln sind verschiedene Pony-Typen heimisch. Wie das Islandpony, das sich an einen extremen Lebensraum gewöhnen mußte, haben sich die kleinen indonesischen Ponys an die tropische Hitze angepaßt. Das schweißtreibende Klima sorgt dafür, daß sie nicht viel Fleisch ansetzen, und so wirken die indonesischen Ponys im Vergleich zu ihren Verwandten aus den gemäßigten Klimazonen eher kümmerlich.

Ungeachtet ihrer Erscheinung sind die indonesischen Ponys für die Wirtschaft ihres Landes von großer Bedeutung. Sie sind in der Landwirtschaft weit verbreitet und stellen nach wie vor eines der vorrangigen Transportmittel in Indonesien dar.

Die verschiedenen indonesischen Ponys gleichen einander sehr, es gibt jedoch je nach Insel eine gewisse Variation des Typus:

Das **Java-Pony** erreicht eine Größe von 112 cm Stockmaß, und sein Knochenbau macht einen Ritt auf ihm zu einem eher schmerzhaften Erlebnis. Es ist bekannt dafür, daß es selbst unter der tropischen Sonne unermüdlich und kräftig arbeitet. Vor allem zieht es die *sados*, zweirädrige Einspänner, die als Taxis dienen, es wird aber auch auf Bauernhöfen eingesetzt.

Das **Bali-Pony**, dessen Größe bei 120-130 cm Stockmaß liegt, wird oft als Lastpony benutzt. Vom Typ her ist es primitiv und kommt meist als Falbe mit dunklem Aalstrich vor, gelegentlich auch mit der hochstehenden Mähne der Urrassen.

Das **Sumba-Pony**, ein naher Verwandter des **Sumba-**

Java-Pony

Sumba-Pony

**wa-Ponys**, wird bei Wettkämpfen, in denen es um Eleganz und Leichtfüßigkeit geht, ohne Sattel und Zügel geritten, während das **Sandelholz-Pony**, (benannt nach Sumbas wichtigstem Exportartikel neben den Ponys) in sattellosen Rennen läuft und erstaunlicherweise nie in Schweiß gerät.

Das **Batak-Pony**, das mit Araberblut veredelt wurde, hat ein besseres Exterieur, ist leicht zu führen und sehr günstig in der Haltung.

Das **Gayoe-Pony** ist von schwererem Körperbau; ihm fehlen Feuer und Geschwindigkeit des Batak.

**Timor-Pony**

Das **Timor-Pony** schließlich ist die kleinste der indonesischen Ponyarten. Es erreicht nur eine Größe von 110 cm Stockmaß und stammt von der Insel Timor.

Timor-Ponys werden nach Australien und nach Neuseeland exportiert, wo man sie ihres Verstandes wegen schätzt (einige Pferdeexperten sind so beeindruckt, daß sie die Ponys als weise bezeichnen). Auch ihr Eifer und ihre Ausdauer sind legendär: Das kleine, aber trittsichere und extrem bewegliche Timor-Pony trägt einen ausgewachsenen Mann beim Viehtreiben den ganzen Tag.

Es ist fast überflüssig zu erwähnen, daß sie auch als Reittiere für Kinder äußerst beliebt sind.

Timor-Ponys sind normalerweise dunkel, es gibt aber auch Exemplare mit cremeweißem Langhaar oder sogar mit weißen Tupfen.

# IOMUD

Der Iomud stammt aus dem asiatischen Teil Rußlands. Er ist mit seiner Größe von 142-150 cm Stockmaß relativ klein und sehnig und gehört zu der Linie der großartigen Turkmenischen Pferde. Schimmel dominieren, es gibt aber auch Füchse und Braune, und das Haarkleid hat den metallischen Schimmer, der für russische Pferde so typisch ist. Der Iomud ist anpassungsfähig, kühn und ausdauernd.

Er ist nicht so leichtfüßig wie der Achal-Tekkiner, mit dem er nah verwandt ist, hat aber einen auffälligeren Araber-Einschlag und, wie sein Äußeres vermuten läßt, mehr Ausdauer. Er paßt sich jedem Gelände an und ist bei Langstreckenrennen unermüdlich.

# IRISH DRAUGHT

Der extrem starke Irish Draught hat einen massiven Knochenbau und einen mageren Körper. Er ist so kräftig, daß er als Kaltblut eingestuft werden könnte, wenn er weniger agil wäre und Behang aufwiese; seine Größe beträgt 150-170 cm Stockmaß. Als Arbeitstier ist er von unschätzbarem Wert.

Der Irish Draught hat einen Elan, der ihn sehr anziehend macht. Wenn man ihn mit Vollblütern oder anderen hochwertigen leichten Pferden kreuzt – normalerweise mit einer Gewichtung zur leichteren Seite hin –, so erhält man bemerkenswerte Vielseitigkeits-Pferde und Springer mit unerschöpflicher Ausdauer.

Alle Grundfarben sind akzeptabel, doch Füchse, Schimmel, Braune und Schwarzbraune überwiegen.

## ITALIENISCHES KALTBLUT

Verglichen mit den schwerfälligen nordeuropäischen Zugpferden ist das Italienische Kaltblut recht edel. Es kommt meist als Dunkelfuchs mit hellem Langhaar und Behang vor, was der charakteristischen Färbung italienischer Pferde entspricht. Es handelt sich bei ihm um eine Veredlung des Bretonen, den man zu diesem Zweck mit leichteren Rassen aus Tirol kreuzte. Es ist leichter und agiler als die meisten Kaltblüter. Früher war es die Hauptstütze der italienischen Landwirtschaft, heutzutage wird es allerdings hauptsächlich wegen seines Fleisches gezüchtet. Es erreicht eine Höhe von 150-160 cm Stockmaß und ist gehorsam und intelligent.

## JAF

Der Jaf ist zäh, kühn und drahtig und hat seinen Ursprung im bergigen kurdischen Teil des Iran. Er besitzt
die klassische orientalische Erscheinung eines Reitpferdes vom Araberschlag.

Die Hufe des Jaf sind so hart wie Kopfsteinpflaster,
und er verfügt über große Ausdauer. Seine Größe beträgt
150 cm Stockmaß oder mehr; Füchse, Schwarzbraune,
Braune und Schimmel dominieren. *Keine Abbildung.*

## JÜTLÄNDER

Der Jütländer kommt am häufigsten als Dunkelfuchs
mit hellem Langhaar und Behang vor und stammt aus
dem dänischen Jütland. Der Kopf mit den langen Ohren ist eher schlicht, doch der Blick und die allgemeine
Ausstrahlung sind freundlich. Der Hals ist kurz, trägt einen Kamm und sitzt auf einem massiven Vorderteil mit
gewaltigem Brustkorb. Der Körper ist lang und kräftig,
die Gurtentiefe ist beträchtlich.

Im Mittelalter wurde er als Schlachtroß eingesetzt,
das Ritter mit schweren Rüstungen problemlos tragen
konnte, doch wie alle mittelalterlichen Pferde war er we-
der schnell noch lebhaft genug, um den späteren Bedürfnissen der Kavallerie gerecht zu werden. Nach Einkreuzung des Suffolk Punch aus dem Osten Englands
wurde er mit seiner freundlichen Ausstrahlung und seiner Arbeitskraft das beliebteste Pferd der dänischen
Landwirtschaft. Er erreicht eine Größe von 150-160 cm
Stockmaß. *Keine Abbildung.*

## KABARDINER

Der Kabardiner ist ein kleines (um die 150 cm Stockmaß), leichtes Pferd mit angenehmem Äußeren, das aus dem nördlichen Kaukasus stammt und seit Unzeiten an den heimtückischen Boden gewöhnt ist. Er wird geschätzt wegen seiner Trittsicherheit und seiner Bereitschaft, anscheinend unbegehbare Bergpfade zu besteigen. Seine Existenz verdankt er den Bedürfnissen der zähen Nomaden, die auf ihm ritten, sich bei Hunger aber auch von ihm ernährten. Blut vom Karabacher, Araber und Turkmenen hat anscheinend sein Feuer intensiviert.

Die besten Kabardiner Pferde werden heute in den russischen Gestüten von Malokaratschew und Malkin gezüchtet. Der Kabardiner ist ein edles Reit- und Gespannpferd.

## KARABAIER

Es gibt drei Varianten des Karabaiers: den kräftigen Ge-
spann-Typ mit langem Rücken, den schnellen, eleganten Reit-Typ und den Gespann-/Reit-Typ, der dazwi-
schen liegt. In allen Fällen hat das athletische Pferd mit
seinen tadellosen Beinen und dem tiefliegenden Körper
das Aussehen eines edlen russischen Reitpferdes, das
sich auch auf anstrengenden Strecken gut hält.

Die Tatsache, daß der Karabaier, der eine Größe von
141-153 cm Stockmaß erreicht, von alten Gebirgsrassen
abstammt, kümmert russische Pferdeliebhaber wenig,
da ihnen nicht unbedingt die Abstammung eines Pferdes wichtig ist, sondern seine Verwendbarkeit. Der intelligente Karabaier ist für die meisten Aufgaben ge-

eignet. Mit Vollblütern gekreuzt, erzielt er im modernen Pferdesport großartige Ergebnisse.

## KARABACH-PONY

Der Karabach ist ein leichtes Reittier und erreicht eine Größe von ca. 140 cm Stockmaß. Seit mindestens 1500 Jahren lebt es in den Bergen von Karabach, und gegenwärtig werden die besten Tiere in großem Maß mit kleinen Araber-Pferden gekreuzt. Umgekehrt hat es andere russische Rassen beeinflußt, vor allem das Donpferd.

Bei der Fellfarbe dominieren Falben, Braune und Füchse, meist mit deutlichem Goldschimmer. Bedauerlicherweise nimmt die Zahl der Karabacher stetig ab.

# KATHIAWAR- und MARWAR-PONYS

Obwohl die Ponys verschiedene Namen haben, ähneln sie sich so sehr, daß es unsinnig wäre, sie als verschiedene Rassen zu behandeln. Das Kathiawar-Pony kommt von einer Halbinsel im Nordwesten Indiens, das Marwar-Pony aus der nahen Provinz Rajputana (Radschastan).

Beide stammen von einer einheimischen Rasse ab, die einst vermutlich in Gestalt Mongolischer Ponys zu Huf ins Land kam und dort schon lebte, lange bevor westliche Beobachter auf sie stießen. Man vermutet, daß sich diese Vorfahren mit einer Ladung Araberpferde vermischten, welche nach einem Schiffbruch an der indischen Westküste halb wild lebten. Das sogenannte ›einheimische‹ Pony gibt es noch in ganz Indien. Es

sieht aus wie ein Haufen Knochen, ist extrem schmal und hat eine Größe von etwa 130 cm Stockmaß. Dabei ist es aber so zäh wie eine Ziege.

Das Kathiawar-Pony ist mit seiner durchschnittlichen Größe von 142 cm Stockmaß eher groß. Es hat ein leichtes Gebäude, ist dünn und robust und kann mit extrem wenig Futter auskommen. Dieses Plus für physische Zähigkeit geht allerdings einher mit einem Minus für unberechenbares Temperament. Wie viele knapp gehaltene Ponys neigt es zu Säbelbeinigkeit.

Typisches und einzigartiges Erkennungsmerkmal vom Kathiawar- und Marwar-Pony sind die Ohren: Sie sind so extrem nach innen gestellt, daß sie einander fast berühren, wenn das Tier sie aufrichtet.

## KASACH-PONY

Das robuste Steppenpony aus Kasachstan stellte jahrhundertelang eine der Existenzgrundlagen der Nomaden dar. Ausgrabungen aus dem 17. Jahrhundert haben ergeben, daß die Kasachen gemeinsam mit ihren Ponys bestattet wurden, da sie zweifellos jahrzehntelang von ihnen abhängig gewesen waren – die Ponys waren nicht nur Transportmittel, sondern häufig auch Nahrung.

Durch Zuführung des Blutes vom Donpferd, vom Orlow- und vom Russischen Traber sowie von Vollbluthengsten sind die heutigen Kasachs größer (ca. 141 cm Stockmaß) und abgerundeter als früher. Da sie selbst in Wüstengegenden genug zu fressen finden, sind sie sehr günstig im Unterhalt und werden heute weitgehend ihres Fleisches wegen gezüchtet. *Keine Abbildung.*

## KLADRUBER

Bei einer Größe von 162-172 cm Stockmaß ist der Kladruber eine größere Version seines fast identischen Vorläufers, des Andalusiers. Er ist ein gutes Kutschpferd mit stolzer Haltung und ruhigen Bewegungen. Die berühmten Kladruber Schimmel (Gespanne mit bis zu 16 Pferden, die von nur einem Kutscher ohne zusätzliche Reiter gelenkt werden) zogen bei repräsentativen Anlässen in der ehemaligen Tschechoslowakei die Staatskutsche.

Seit dem 16. Jahrhundert, als Kaiser Maximilian II. im damaligen Böhmen das Gestüt Kladruby gründete, werden die Kladruber dort gezüchtet. Grundlage des Gestüts waren zunächst Andalusier, nach und nach wurden die Pferde jedoch größer.

# KNABSTRUPER

Der Knabstruper hat eine Größe von knapp unter 160 cm Stockmaß und erweckt den Anschein, als hätte ein Riese auf seinem Fell Tinte verspritzt. Die Rasse stammt aus der Zeit der Napoleonischen Kriege. Damals erwarb ein spanischer Offizier die getupfte Stute Flaebehoppen und kreuzte sie mit einem Frederiksborger Hengst. Die getupften Tiere, die aus dieser Verbindung hervorgingen, waren als Reit- und Zirkuspferde sehr beliebt. Leider hat man in jüngerer Zeit den Tupfen zu viel und der Weiterentwicklung der Rasse zu wenig Aufmerksamkeit geschenkt, so daß es – abgesehen von der Färbung – keine anderen rassetypischen Merkmale mehr gibt.

# KONIJK

Für die Flachlandbauern seiner Heimat ist der robuste, gut proportionierte polnische Konijk ebenso wichtig, wie es der Huçul, sein naher Verwandter, für die Bergbauern war. Zudem hat diese Rasse auf die meisten heutigen Pferde- und Ponyrassen in Polen und Rußland einen gewissen Einfluß gehabt.

Der Konijk (was soviel bedeutet wie ›kleines Pferd‹) erreicht eine Größe von knapp über 130 cm Stockmaß. Er ist gutartig, leicht abzurichten und zudem außergewöhnlich langlebig. Von allen heutigen Rassen hat der Konijk die meiste Ähnlichkeit mit seinem Urahn, dem Tarpan, und zwar sowohl körperlich als auch hin-

sichtlich seiner Fähigkeit, mit knapp bemessener Nahrung auszukommen.

Alle Falben-Abstufungen kommen vor, oft mit Aalstrich, dunklen Beinen und dunklem Langhaar. Manchen Tieren wächst ein weißer Winterpelz.

## KUSTANAIER PFERD

In der zweiten Hälfte des 19. Jahrhunderts begann man auf Anregung der zaristisch-russischen Kavallerie mit der Veredlung der kleinen, robusten Ponys, die im rauhen Klima Kasachstans in Herden lebten. Nahrhaftes Futter und gute Pflege ließen die natürliche Größe der Tiere von 130 cm Stockmaß rasch auf über 140 cm Stockmaß hochschießen. Systematische Verwendung von Donpferden, Vollblütern und des Strelets-Pferdes, das heute ausgestorben ist, steigerten die Größe des Kustanaiers auf knapp 150 cm Stockmaß und ergaben ein kraftvolles, attraktives und schwerknochiges Pferd mit kurzen Beinen, das imstande ist, die Unbilden von Kustanaij im Nordwesten Kasachstans zu ertragen.

Drei Typen des Kustanaier Pferdes haben sich herausgebildet: der Steppen-Typus mit massigem Körper, der in der Landwirtschaft und im Gespann gute Dienste leistet; der leichte Reit-Typus und der Grund-Typus, der zwischen den beiden ersten liegt und für alle Zwecke geeignet ist.

Der Kustanaier hat gute Bewegungen. Er ist intelligent, anpassungsfähig und sehr ausdauernd. Füchse und Braune dominieren, gelegentlich kommen auch Schimmel vor. *Keine Abbildung.*

## LETTISCHES WARMBLUT

Das Lettische Warmblut ist ein Allzweck-Pferd, das in der ganzen ehemaligen Sowjetunion beliebt ist. Es gibt drei Grund-Typen (und gewiß viele Variationen): Im Süden, wo diese Rasse am weitesten verbreitet ist, sieht man sie als kräftiges Arbeitspferd mit einer Größe von ca. 150 cm Stockmaß, das für alle landwirtschaftlichen Arbeiten geeignet ist. Im Norden findet man einen größeren, leichteren und weniger starkknochigen Gespann-/Reit-Typus, der eher einem Traber gleicht.

Die in Lettland heimische Rasse war ursprünglich ein primitives Kaltblut vom Wald-Typus, bevor der Mensch mit seinen ›Verbesserungen‹ begann. Heute ist sie kraftvoll, sensibel und gut für die Arbeit geeignet.

## LIMOUSIN

Frankreich hat bei der Zucht von Halbblutrassen großartige Erfolge erzielt, und der Limousin bildet keine Ausnahme. Der ursprüngliche Limousin war ein mittelalterliches Reitpferd, das vermutlich von Berberpferden abstammt, die von den Moslems im 8. Jahrhundert in Frankreich zurückgelassen wurden. Nach Hunderten von Jahren, in denen diese Rasse bis heute mit Vollblütern und Arabern gekreuzt wurde, fehlt ihm in jeder Hinsicht nur noch wenig zum reinrassigen Angloaraber. Er erreicht eine Größe von etwa 160 cm Stockmaß; Füchse und Braune überwiegen. *Keine Abbildung.*

## LIPIZZANER

Diese großartigen weißen Pferde aus der Wiener Spanischen Hofreitschule werden als Rasse schon länger und vor allem mehr in Ehren gehalten als alle anderen Pferde. Sie stammen vom Andalusier ab (daher der Name der Reitschule), während die Bezeichnung Lipizzaner auf das 1580 vom österreichischen Erzherzog Karl II. gegründete Gestüt Lipizza bei Triest zurückgeht.

Das Gestüt begann mit neun Hengsten und 24 Stuten, die aus Andalusien importiert worden waren. Währenddessen wurden in Piber, einem anderen österreichischen Gestüt, Andalusier mit anderen Rassen spanischer Herkunft gekreuzt, die für ihre Qualität bekannt waren. Aus dem Gestüt Maximilians II. in der Tschechei wurden Kladruber und aus Italien die vielgerühmten Neapolitaner eingeführt. (Diese Rasse ist inzwischen ausgestorben. Doch für die mittelalterliche Kavallerie war der Neapolitaner mit seiner andalusischen Blutgrundlage und Araber- sowie Berbereinschlag, durch die Schnelligkeit und Beweglichkeit hinzukamen, von großer Bedeutung.)

Das Blut wurde durch Einkreuzung von Frederiksborgern und Arabern aufgefrischt, und die besten Pferde in Piber und Lipizza wurden wiederholt untereinander gekreuzt. Trotz all dieser Kreuzungen scheint nur ein einziges Tier der Rasse seinen unverkennbaren Stempel aufgedrückt zu haben: der 1810 geborene weiße Araberhengst Siglavy.

In Kriegszeiten wurden die Lipizzanerpferde vor den Menschen evakuiert, sie wurden aber immer dorthin zu-

rückgebracht, wo sie am besten gedeihen. Nach dem Zusammenbruch des Habsburger Reiches wurde Lipizza italienisch, und der österreichische Lipizzaner fand seine heutige Heimat in Piber.

Die komplizierten Bewegungen der Schule über der Erde, für die Lipizzaner berühmt sind, stellen eine Weiterentwicklung mittelalterlicher Kriegstechniken dar. Die *Kapriole*, ein Sprung des Pferdes aus dem Stand in die Luft, bei dem es gleichzeitig ausschlägt, diente dazu, einen umzingelten Reiter zu befreien. Die *Levade*, bei der das Pferd die Hinterhand stark einwinkelt und dabei rückwärts geht (*Abbildung* S. 148), ermöglichte es dem Reiter, seinen Gegner von oben anzugreifen. Die Pferde brauchen ungefähr sieben Jahre Training, bis sie diese komplizierten Manöver beherrschen, und ohne ihre Gutartigkeit und Intelligenz wäre selbst dieses harte Training erfolglos.

Der Lipizzaner sieht dem Andalusier sehr ähnlich, er ist jedoch etwas kleiner und hat ein fast flaches Gesicht.

147

*Die Levade*

Er verfügt über eine beinahe noch imposantere Ausstrahlung.

Lipizzaner sind spätreif, sehr langlebig und bleiben
oft bis ins vierte Lebensjahrzehnt hinein arbeitsfähig.
Man ist an die vorherrschende Schimmelfärbung so gewöhnt, daß es einem merkwürdig vorkommt, wenn
man ausnahmsweise auf einen Braunen stößt, was gelegentlich jedoch vorkommen kann.

## LITAUISCHES KALTBLUT

Dieses gewaltige Kraftpaket, dessen Gelassenheit schon
fast an Trägheit grenzt, wurde zu Beginn dieses Jahrhun-

derts für die litauische Landwirtschaft entwickelt. Kräftige schwedische Ardenner-Hengste wurden mit den einheimischen Zhmud-Stuten gekreuzt und das Ergebnis 1963 als neue Rasse registriert.

Das Litauische Kaltblut erreicht eine Größe von 150 cm Stockmaß. Füchse überwiegen, oft mit flachsfarbenem Langhaar. Seine Bewegungen im Schritt sind ausgezeichnet (schnellere Gänge werden nicht verlangt), und es kommt mit einfacher Nahrung aus.

## LOKAIER

Der russische Lokaier hat eine Größe von 140 cm Stockmaß, auch wenn seine Proportionen ein wesentlich größeres Pferd erwarten ließen. Er wurde vor etwa drei- bis

vierhundert Jahren von den usbekischen Lokaiern gezüchtet, die ihn als Lastpony im Gebirge nutzten.

Durch Kreuzungen mit Achal-Tekkiner, Araber und
Englischem Vollblut ist die ursprüngliche Abstammung
des Lokaier vom Steppenpony kaum noch erkennbar,
obwohl er die ererbte Ausdauer und Trittsicherheit aufweist. Braune, Dunkelschimmel und Füchse dominieren, manchmal mit metallisch schimmerndem Fell.

## LUSITANER PFERD (LUSITANO)

Die Herkunft dieses hervorragenden portugiesischen
Reitpferdes ist ungewiß. Der Lusitano lebt schon seit
Jahrhunderten in Portugal, und seine feurige und doch
kompakte Erscheinung deutet, zusammen mit der Fell-

farbe, auf eine nahe Verwandtschaft mit seinem berühmten Nachbarn, dem Andalusier. Auch der Einschlag arabischen Blutes ist nicht auszuschließen.

Das Lusitanische Pferd war früher ein beliebtes Kavalleriepferd und wird heute von den portugiesischen Stierkämpfern verwendet. In Portugal ist der Stierkampf im Gegensatz zu seinem spanischen Gegenstück ein ritueller Kampf, bei dem man den Stier zwar reizt, ihn aber nicht tötet. Es gilt als skandalös, wenn dabei ein Pferd verletzt wird. Die *Rejoneadores* kämpfen die ganze Zeit im Sattel und richten ihre Pferde zur *Hohen Schule* ab, um größtmöglichen Gehorsam und möglichst präzise Bewegungen zu erzielen.

Beim Lusitano überwiegen Dunkelschimmel, es können jedoch auch alle Grundfarben vorkommen.

## MANGALARGA

Der Mangalarga, ein attraktives brasilianisches Reitpferd, verfügt über ein eleganteres Exterieur als sein berühmter Verwandter, der Criollo. Sein Gebäude ist leichter, und die Fessel sowie das Röhrbein sind länger, vermutlich als Ergebnis einer Kreuzung von Criollo-Stuten mit Andalusier- und Altér-Real-Hengsten. Seine Größe bleibt knapp unter 150 cm Stockmaß.

Ein idealer Mangalarga verfügt über eine ungewöhnliche, komfortable Gangart, die als *marcha* bezeichnet wird und eine schaukelnde Fortbewegungsart zwischen Trab und Galopp darstellt. Der Mangalarga kommt als Fuchs, Brauner und Dunkelschimmel vor.

## MANIPUR

Aus westlicher Sicht ist der Manipur das echte Polo-Pony. Er stammt aus dem gleichnamigen Staat in der

Provinz Assam, deren König vermutlich bereits im 7. Jahrhundert das Polospiel einführte. Mitte des 19. Jahrhunderts begeisterten sich die englischen Teepflanzer für dieses Spiel. Sie ritten dabei die winzigen (110-130 cm Stockmaß), für tropische Verhältnisse extrem lebhaften Manipur-Ponys. Es heißt, in deren Adern flösse eine Mischung aus mongolischem und Araber-Blut, und sie seien die Reittiere der burmesischen Kavallerie gewesen, die einst den Norden Burmas terrorisierte.

## MAREMMAPFERD

Das größte italienische Reitpferd, das Maremmapferd (auch **Maremmana** genannt), wird von der berittenen

153

Polizei des Landes benutzt. Mit seiner ruhigen und geduldigen Wesensart kann es auch leichtere landwirtschaftliche Arbeiten verrichten, und seine Beweglichkeit und Intelligenz machen es bei den Viehtreibern sehr beliebt. Das Maremmapferd ist somit für ein eher schwer gebautes Reitpferd ausgesprochen vielseitig.

Wie alle italienischen Pferde kommt es meist als Dunkelfuchs mit flachsfarbenem Langhaar vor, doch auch andere Grundfarben sind möglich. Es erreicht eine Größe von 153 cm Stockmaß. *Keine Abbildung.*

## MÉTIS-TRABER

Der Métis-Traber ist eine Kreuzung zwischen dem russischen Orlow-Traber und hochwertigen American Standardbreds. Bei der Zucht wird angestrebt, die besten Eigenschaften beider Elterntiere zu verstärken, doch da sie erst in den 50er Jahren begonnen wurde, sind Vorhersagen im Moment noch nicht möglich.

Die Größe liegt im Durchschnitt bei 153 cm Stockmaß, und Dunkelschimmel, Braune, Rappen sowie Füchse dominieren. Der Métis-Traber ist zäh und tapfer und weist das charakteristische Gebäude des Trabers auf. Zur Zeit hat er noch die Tendenz zu einer übersteigert aufrechten Schulter, die die Bewegungsfreiheit der Vorderbeine einschränkt. *Keine Abbildung.*

## MONGOLISCHES PONY

Das Mongolische Pony gehört zu den ältesten Pony-Typen und ist in allen Gebirgsregionen Südostasiens zu

finden. Es ist gedrungen, äußerst robust und findet selbst auf kargstem Weideland genug zu fressen.

Es gibt für diese Rasse, deren struppige Vertreter ihre Abstammung vom Przewalski-Pferd deutlich verraten, keine festgelegten Maßstäbe. Das Mongolische Pony gilt in seiner Heimat lediglich als Nutztier, dessen Größe von bescheidenen 122 cm Stockmaß bis zur Größe eines Pferdes reichen kann. Es kommt hauptsächlich als Falbe, Schwarzbrauner, Brauner oder Rappe vor und dient seinen Haltern nicht nur als Arbeitstier, sondern auch als Milch- und Fleischlieferant. Der unedle Kopf mit den kleinen Augen und der dicke, kurze Hals verlieren, verglichen mit dem umfangreichen Brustkorb, dem kurzen, kräftigen Rücken und den stahlharten Beinen und Hufen, an Bedeutung.

Bei guter Nahrung und nach Einkreuzung russischen Blutes erhält man einen edleren und größeren Typ.

# MORGAN

Der großartige amerikanische Morgan gehört zu den hervorragendsten und intelligentesten Reitpferden. Er hat ein solches Gespür für die Wünsche seines Reiters, daß man ihn für fast jede Aufgabe einsetzen kann.

Das zuweilen sehr pferdeuntypische Verhalten der Morgans soll durch einige Beispiele illustriert werden:

1 Ein Arbeitshengst stellte sich in der klassischen Morgan-Pose auf (Beine vorn und achtern gestreckt, die Augen unbeweglich geradeaus gerichtet), während Leute unter seinem Bauch hin und her spazierten.

2 Eine Morgan-Stute stachelte einen erfahrenen Reiter zu neuen, erfindungsreichen Bewegungsabläufen an, um fünf Minuten später geduldig ein fünfjähriges Kind zu tragen, das gerade reiten lernte.

3 Eine alte Stute, die auf dem Lande für eine Show-veranstaltung in London trainiert worden war, ließ sich durch die weißen Straßenmarkierungen irritieren. Ihr Reiter hatte vergessen ihr beizubringen, daß diese Markierungen für Pferde belanglos sind.

Alle Morgans stammen von dem unglaublich vielseitigen und intelligenten Beschäler › Justin Morgan ‹ ab, der 1793 in Massachusetts geboren wurde und sein hervorragendes genetisches Material dominant weitervererbte. Angeblich stammt er von einem Vollblut-Rennpferd, doch ist es wahrscheinlicher, daß seine Vorfahren Welsh Cobs waren.

Die heutigen Morgans erreichen eine Größe von

140-152 cm Stockmaß; Rappen, Schwarzbraune und Dunkelfüchse dominieren. Sie sind wunderbare Reit- und Gespannpferde mit dynamischen, fließenden und hoch angesetzten Schritten.

## MURAKOZ

Der Murakoz, ein schweres Arbeitspferd aus Südungarn, ist das Ergebnis einer Kreuzung ausgewählter heimischer Stuten mit hochwertigen ungarischen Hengsten, Ardennern, Percherons und Norikern. Er ist sehr stark, erreicht eine Größe von etwa 160 cm Stockmaß und kommt meist als Fuchs mit hellem Langhaar vor.

Der Murakoz ist tatkräftig und hilfsbereit. In seiner Heimat war er so populär, daß Anfang dieses Jahrhun-

derts jedes fünfte Pferd in Ungarn dieser Rasse angehörte. Leider geht seine Zahl mittlerweile stark zurück.

## MUSTANG

Mustangs sind die frei lebenden Pferde des ›Wilden Westens‹ Amerikas. Sie sind normalerweise 140-150 cm Stockmaß groß, zäh und schwer zähmbar. Früher lebten sie in großen Herden, wurden aber wegen des Schadens, den sie auf den Weiden anrichteten, massenhaft niedergeschossen und beinahe ausgerottet.

Kein Pferd ist wirklich in Amerika heimisch; auch der Mustang stammt von den spanischen Pferden der Conquistadores ab. Der Überlebenskampf ließ die Rasse zu einem Buschpferd mit leichtem Gebäude degene-

rieren. Ab und zu fingen die Indianer Mustangs als Reitpferde; auch Viehtreiber richteten sich Ponys zu.

Gelegentlich bezeichnet man den Mustang auch als **Bronco** oder **Cayuse**. Es gibt heute nur noch wenige Exemplare, abgesehen von den eigenwilligen Rodeo-Pferden, den ›Bucking (bockenden) Broncos‹.

## MEXIKANISCHES PFERD

Dieses Pferd hat den gleichen Ursprung wie der Mustang, ist aber aufgrund der Veredelung mit spanischem und Criollo-Blut qualitativ besser. Es hat ein hageres Gebäude, erreicht eine Größe von etwa 150 cm Stockmaß und ist ein Buschpferd, dem die Anpassung an das widrige Klima gelungen ist. *Keine Abbildung.*

# NEW-FOREST-PONY

Seit mehr als 1000 Jahren gibt es frei lebende Ponys in dem als New Forest bezeichneten Teil von Hampshire, England. Früher erstreckte sich dieser Wald bis nach Exmoor und Dartmoor. Dies gibt Anlaß zu der Vermutung, daß in den Adern des New-Forest-Ponys, das von allen britischen Ponyrassen am leichtesten abzurichten ist, eine nicht unerhebliche Menge Blut der beiden dort heimischen Rassen fließt.

Allen Ponybesitzern war es gestattet, ihre Tiere im Wald frei laufen zu lassen, vorausgesetzt, die Eigentümer lebten innerhalb des Gebietes und besaßen das Weiderecht. Daher läßt sich das New-Forest-Pony nicht sofort als Rasse identifizieren. Seine Größe reicht von 120 cm Stockmaß bis zu 142 cm Stockmaß, und mit Ausnahme von Schecken und blauäugigen Schimmeln kommen alle Farben vor. Die Rassenmerkmale lie-

gen eher im Charakter der Ponys: Da sie immer in der Umgebung von Menschen gelebt haben, sind sie besonders leicht zu handhaben, und da sie – zumindest in neuerer Zeit – von klein auf an den Straßenverkehr gewöhnt sind, behalten sie auf befahrenen Straßen die Ruhe.

Über die Jahre gab es Veredelungsversuche, indem man den Herden Araber-, Vollblut-, Hackney- und Welsh-Hengste zugesellte. Diese Versuche waren nicht immer erfolgreich, da der Nachwuchs den harten Winter oft nicht überstand.

Den Vollbluthengst ›Marske‹, von dem das ungeschlagene Rennpferd ›Eclipse‹ abstammte, ließ man von 1765 bis 1769 New-Forest-Stuten beschälen, und 1852-1860 entlieh Königin Victoria ihren großartigen Araberhengst Zorah, der bei den Ponys lebte. Auch Highland-Pony- und Fell-Pony-Hengste wurden zur Veredelung der Blutlinie eingeführt.

Seit 1938 wurde keinerlei fremdes Blut zugeführt. Man unterteilt das heutige New-Forest-Pony in zwei Kategorien: Typ A, ein leicht gebautes Pony mit einer Größe bis zu 132 cm Stockmaß für Kinder, und Typ B, der bei einer Größe von bis zu 142 cm Stockmaß auch von kleineren Erwachsenen geritten werden kann.

## KIRGISENPFERD

Das Kirgisenpferd (oder eher: -pony, bei einer Größe von unter 132 cm Stockmaß) des alten Typs wurde seit Urzeiten von kirgisischen Nomaden im Hochgebirge von Tien Shan gezüchtet. Es diente als Last- und Zugtier und als Milchlieferant. In den 30er Jahren dieses Jahrhunderts begann man mit der Einkreuzung von Vollblut- und Don-Hengsten, wodurch ein starker, attraktiver Reit- und Ge-

spann-Typus entstand, der eine Größe um die 150 cm Stockmaß erreicht. Er weist nur wenig Ähnlichkeit mit seinem Vorgänger, dem ursprünglichen Kirgisen, auf, dessen Robustheit und Ausdauer jedoch erhalten geblieben sind.

## NONIUS

Dieses mittelschwere bis schwere ungarische Pferd stammt vermutlich von dem französischen Beschäler Nonius ab, der im Jahr 1810 in der Normandie von einem Englischen Halbbluthengst gezeugt und von einer Normannen-Stute geboren wurde. Er war ein Vorläufer des Furioso, dem er sehr ähnlich sah.

Der Nonius ist kompakt und fügsam und hat sichere Schritte. Er erreicht eine Größe von 150 cm Stockmaß und ist als Reit- sowie als Gespannpferd beliebt.

# NORDSCHWEDISCHES PFERD

Dieses Pferd mit seinem langen Körper, den kurzen Beinen, seinem ziemlich großen Kopf und den eher langen Ohren lebt seit der Antike in Schweden. Sein Aussehen erinnert an das primitive nordeuropäische Waldpferd, mit dem es die langen, runden Hufe und das dichte Mähnen- und Schweifhaar gemein hat. Es ist genügsam und langlebig und hat eine hervorragende Konstitution. Bei Bauern wie Holzfällern ist es wegen seiner Freundlichkeit und Arbeitsbereitschaft sehr beliebt.

Das Nordschwedische Pferd erreicht eine Größe von 152 cm Stockmaß und bewegt sich energisch mit langen, sauberen Schritten. Seit im Jahr 1890 die Nordschwedische Gesellschaft gegründet wurde, benutzt

man zur Zucht Døle-Gudbrandsdal-Hengste, die nachweislich von zwei Elterntieren gleicher Rasse abstammen müssen. Durch Leistungstests, bei denen die Pferde Baumstämme ziehen, und durch strenge tierärztliche Kontrolle wird sichergestellt, daß nur die besten Pferde zur Zucht verwendet werden.

## NORDSCHWEDISCHER TRABER

Der Nordschwedische Traber ist von Natur aus ein hervorragender Traber mit dynamischen, langen Schritten. Am schnellsten sind erwartungsgemäß die Tiere mit leichterem Gebäude. Die besten Pferde wurden systematisch untereinander gekreuzt. Dabei sollten Traber erzielt werden, die in dem rauhen Klima am Polarkreis wettbewerbsfähig sind. Doch selbst die besten Exemplare können es an Schnelligkeit nicht mit Trabern aus gemäßigteren Klimazonen aufnehmen. *Keine Abbildung.*

## OLDENBURGER

Der Oldenburger ist mit einer Größe von 162-172 cm Stockmaß das größte und schwerste aller deutschen Warmblutpferde. Er ist ein kräftiges Allzweck-Reitpferd mit gutem Bau und das ideale Tier für große oder schwere Reiter. Seine Haltung ist stolz und imposant, und er ist athletischer, als seine Größe es vermuten ließe.

Der Oldenburger ist frühreif. Er verbindet Gutmütigkeit und Kühnheit mit Energie und einer vernünftigen Wesensart. Alle Grundfarben kommen vor, wobei Rappen, Schwarzbraune und Braune am häufigsten sind.

Die Blütezeit des Oldenburgers begann spätestens im 17. Jahrhundert. Zunächst züchtete man ihn als hochwertiges Kutschpferd, indem man andalusisches und neapolitanisches Blut mit dem schwerer Arbeitspferde des alten friesischen Typs mischte. Auf den unebenen, zerfurchten Wegen der damaligen Zeit erfüllte dieses kraftvolle Zugpferd seinen Zweck hervorragend.

Spätere Einfuhr des Blutes von Vollblut, Hannoveraner, Normanne und Cleveland Bay machte das Gebäude des Pferdes leichter und erhöhte seine Schnelligkeit beim Zug. Die Einkreuzung von Englischem Vollblut und Anglonormannen dient seitdem dazu, die Eignung des Oldenburgers als Reitpferd zu verbessern.

# ORLOW-TRABER

Daß der Trabrennsport in Rußland überaus beliebt ist, zeigt sich unter anderem daran, daß pro Jahr in 34 Staatsgestüten über 30 000 Orlows aufgezogen werden. Es gibt fünf Grundtypen des Orlow-Trabers, deren Unterschiede aus den klimatischen Differenzen innerhalb des Landes resultieren. Im Durchschnitt erreicht der Orlow-Traber eine Größe von 153 cm Stockmaß und kommt als Dunkelschimmel, Rappe oder Brauner vor.

Begründet wurde die Rasse im Jahre 1777 auf dem Orlow-Gestüt bei Moskau. Der jetzige Traber stellt eine Mischung vieler verschiedener Blutlinien dar. Er ist zwar etwas langsamer als das American Standardbred, aber dennoch für den Rennsport hervorragend geeignet.

## PALOMINO

Beim Palomino handelt es sich nicht um eine Rasse, sondern um eine Farbbezeichnung. Das Fell sollte von der Farbe einer Goldmünze sein, Mähne und Schweif weiß, die Augen dunkel. Weiße Abzeichen sind nur auf Gesicht und Beinen gestattet. Palominos findet man bei vielen Pferde- und Ponyrassen, sind aber schwer zu züchten.

Diese Färbung ist in Europa vor allem bei Kinderponys gefragt und kommt bei Reitpferden kaum vor. In Amerika – dem einzigen Land, in dem versucht wurde, Palominos als klar definierte Rasse zu züchten – ist es umgekehrt: Der amerikanische Palomino erreicht eine Größe von 141-160 cm Stockmaß und gleicht vom Körperbau her einem Quarter Horse oder Morgan.

## PASO FINO

Der kleine Paso Fino (143 cm Stockmaß) ist ein hervorragendes Reitpferd, das in Puerto Rico und Äquatorial-Südamerika auf der Grundlage spanischer Pferde entwickelt wurde und mittlerweile auch in den Vereinigten Staaten recht beliebt ist. Er verfügt von Natur aus über drei viertaktige Gangarten, und der langsamsten und ruhigsten, dem *paso fino* (feiner Schritt) verdankt er seinen Namen. Daneben gibt es den weitausholenden und gleichmäßigen *paso corto* und den schnelleren *paso largo*.

Alle Farben kommen vor. Der Paso Fino ist fügsam und hat eine sehr aufrechte Haltung. Er besitzt einen kräftigen Körper und feste, harte Beine.

## PERCHERON

Der französische Percheron verfügt über eine erstaunliche Eleganz, die dazu führte, daß man ihn mit einem überdimensionalen Araber verglich. In seinen Adern fließt tatsächlich orientalisches Blut, das in der französischer Provinz Perche jahrhundertelang mit den heimischen Kaltblutrassen gemischt wurde. Er erreicht eine Größe von 152-170 cm Stockmaß und ist meist eisengrau oder schwarz.

Dieses weltweit bekannte Pferd war vor allem in Großbritannien und den Vereinigten Staaten sehr beliebt. Durch die Mechanisierung der Landwirtschaft hat es allerdings weitgehend an Bedeutung verloren und wird heutzutage leider nur noch als Fleischlieferant gezüchtet.

## PERUANISCHER PASO

Die Bewegungen des Peruanischen Paso wirken auf einen Europäer äußerst eigenartig. Im *paso* (Schritt) kann das Pferd einen Reiter stundenlang tragen, ohne dabei zu ermüden. Kein anderes Pferd unserer Zeit beherrscht diese Gangart, bei der die Vorderbeine ähnlich einer Schwimmbewegung seitlich des Körpers ›rudern‹, während die dicht unter dem Rumpf gehaltenen Hinterbeine eine lange, geradlinige Vorwärtsbewegung ausführen. Dies macht den Ritt auf einem Paso für den Reiter bei einer Durchschnittsgeschwindigkeit von 18 Stundenkilometern äußerst angenehm. Braune und Füchse dominieren, und die Größe liegt im Durchschnitt bei 150 cm Stockmaß.

# PINTO

Der gescheckte Pinto, im Englischen auch **Paint** (Farbe) **Horse** genannt, gilt in den USA als das traditionelle Indianerpony.

Ähnlich wie Palomino ist Pinto eigentlich eine Farbbezeichnung, auch wenn die amerikanische ›Pinto Horse Association‹ darum bemüht ist, eindeutig identifizierbare körperliche Rassenmerkmale für Ponys und Pferde mit dieser Färbung zu bestimmen. Vier Typen werden mittlerweile anerkannt:

– der › Stock (Stamm-) Type‹, dessen Körperbau dem eines Quarter Horse gleicht;

– der ›Hunter (Jagd-) Type‹ mit starkem Vollblut-Einschlag;

– der ›Pleasure (Vergnügungs-) Type‹, dessen Exterieur Ähnlichkeiten mit Araber und Morgan aufweist;

– der › Saddle (Sattel-) Type‹, ein prächtiges Paradepferd im Stil der Plantagenpferde aus dem Südosten der USA.

Ein Pferd mit weißer Scheckung auf dunklem Grund nennt man Overo *(Abbildung oben)*, ein Pferd mit dunkler Scheckung auf weißem Grund wird als Tobiano bezeichnet *(Abbildung unten)*. Gleichmäßig schwarzweiß gescheckte Pintos sind besonders begehrt und werden im Englischen › Piebald ‹ genannt. Doch braun-weiße (im Englischen › Skewbald ‹ genannt) oder dreifarbige Schecken sind ebenso häufig.

Overo

Tobiano

## PINZGAUER NORIKER

Dieses schwere Arbeitspferd aus Deutschland und Österreich ist auch unter den Namen **Oberländer** und **Süddeutsches Kaltblut** bekannt und erreicht eine Größe von über 160 cm Stockmaß. Sein Exterieur ist eher anspruchslos, seine Ausstrahlung gutmütig.

Die Rasse ist sehr alt und war bereits bekannt, als Österreich noch die Provinz Noricum war und von den Römern regiert wurde.

Der Pinzgauer läßt sich leichter handhaben als die meisten anderen Gebirgspferde. Füchse und Braune dominieren, oft mit hellem Langhaar, doch auch Tiger, Falben und Schecken kommen vor.

## PERSISCHES PFERD

Bereits vor unserer Zeitrechnung wurden in der unwirtlichen Berggegend der Hochebene im zentralen Iran hervorragende kleine Reitpferde gezüchtet, die eine ähnliche Eleganz und ein vergleichbares Feuer besaßen wie der Araber. Auch bei diesen Pferden trug ein erbarmungsloser Prozeß der Selektion zur Herausbildung der Rasse bei, deren natürlicher Lebensraum mit seiner Nahrungsknappheit und den extremen Klimaschwankungen (heiß am Tag, kalt in der Nacht) der Wüste sehr ähnlich ist. Persische Pferde mußten oft mit sehr karger Kost auskommen: Manchmal gab es nur Datteln, und im Notfall fraßen sie sogar getrocknetes Kamelfleisch.

Heute noch reiten Nomadenstämme auf Persern, zu deren Vorfahren die robusten, trittsicheren, uralten Blutlinien der Shirazi, Quashqai, Basseri, Nakhtiari und der persisch-arabischen Pferde zählen.

1978 faßte die › Royal Horse Society ‹ des Iran all diese Rassen unter dem Oberbegriff › Plateau Persian ‹ zusammen. Zu den verbreitetsten Linien gehören der Darashouri (S. 85) und der Jaf (S. 134).

## PLEVENER

Der Plevener, ein robuster Angloaraber aus Bulgarien, erreicht eine Größe von 152 cm Stockmaß und kommt überwiegend mit leuchtend fuchsfarbenem Haarkleid vor. Er dient in seiner Heimat als Allzweck-Reittier und wird gelegentlich auch in der Landwirtschaft eingesetzt. *Keine Abbildung.*

# POITEVIN

Der Poitevin ist ein großes Kaltblutpferd, das eine Größe von annähernd 170 cm Stockmaß erreicht. Er wurde ursprünglich zur Trockenlegung der Sümpfe in die Gegend um das französische Poitiers, geholt, unter anderem, weil es mit seinen riesigen, platten Hufen nicht so leicht im Morast versank. Der Poitevin überlebte als Rasse, da die Kreuzung von Poitevin-Stuten mit großen Eselhengsten kräftige, starke Maultiere ergibt.

Der Poitevin verfügt über keine besonderen Kennzeichen. Er hat einen schwerfälligen, lethargischen Charakter und erinnert an das primitive Waldpferd. Auch seine Farben sind die des Primitivpferdes: Falben dominieren, Braune und Schwarzbraune können vorkommen.

# AMERIKANISCHES PONY

Das ›Pony der amerikanischen Kontinente‹ gehört zu den wenigen Rassen, deren Herkunft gesichert ist; vermutlich, weil er erst vor relativ kurzer Zeit als Rasse registriert wurde. Die Rasse entstand 1954, indem Leslie L. Boomhower aus Iowa einen Shetland-Hengst mit einer Appaloosa-Stute kreuzte. Im Frühjahr des darauffolgenden Jahres wurde ein Miniatur-Hengstfohlen geboren, das auf den Namen ›Black Hand‹ getauft wurde.

Alle Nachfahren dieses Hengstes weisen die charakteristische Appaloosa-Färbung auf. Sie sind als Ponys für Kinder hervorragend geeignet, und ihr Exterieur erinnert an das kleiner Quarter-Horse-Pferde, die man mit Arabern gekreuzt hat. Sie erreichen eine Größe von 112-130 cm Stockmaß.

# PREZEWALSKI-PFERD

*Equus przewalskii przewalskii Poliakow,* so sein wissenschaftlicher Name, ist bekannter als die Wildpferde aus Asien und der Mongolei. Dem unzähmbaren kleinen Pferd ist es gelungen, sich als Rasse durchzusetzen, ohne sich dem Menschen unterzuordnen, obwohl es von diesem auf ödes, karges Land verbannt wurde. Im Jahre 1881 entdeckte der russische Forscher Oberst Przewalski eine kleine Herde und machte die Öffentlichkeit auf ihre Existenz aufmerksam.

Die Größe des Pferdes liegt bei 120-142 cm Stockmaß. Es kommt meist als Falbe vor, oft mit dunklen Beinen und dunklem Langhaar, Aalstrich und mitunter Zebrastreifen. Es hat ein Milchmaul, auch um die Augen und am Unterbauch findet sich diese milchige Farbe. Die schopflose Mähne ist kurz und hochstehend, der Schweif wächst lang und üppig. Der Kopf mit den langen, spitzen Ohren und den hochliegenden, kleinen Augen ist groß und schwer, weist ein konvexes oder gerades Profil auf und sitzt auf einem kurzen Hals.

Das Przewalski-Pferd ist einer der drei primitiven Pferdetypen, von denen alle anderen Rassen abstammen. Es lebt immer noch wild in den › Bergen des Gelben Pferdes‹ (Tachin Schara Nuru-Berge) am Westrand der Wüste Gobi, seine Zahl geht jedoch stetig zurück.

Das Przewalski-Pferd – bei dem es sich eigentlich um ein Pony handelt – hat sich seit der Eiszeit kaum verändert. Bei allen, über die Jahrtausende gewiß zahlreich vorhandenen Gelegenheiten zur Mischung mit anderen Rassen ist das mongolische Pferd unverändert geblieben.

Das liegt zum Teil daran, daß entlaufene Hausstuten die extremen Lebensbedingungen nicht aushalten; andererseits greifen die wachsamen und äußerst aggressiven Przewalski-Hengste jeden sich der Herde nähernden fremden Hengst sofort an und töten ihn.

Im Laufe der Jahrhunderte wurde das Przewalski-Pferd durch Jäger beinahe ausgerottet. Die wenigen verbliebenen Herden stehen jetzt unter dem Schutz der chinesischen, mongolischen und russischen Regierung; trotzdem wird die Zahl der Tiere, die noch in ihrer Heimat leben, auf höchstens 50 geschätzt.

Die Hoffnung auf das Überleben dieser einzigen echten Wildpferdrasse gründet sich eher auf die rund 200 Exemplare, die in Zoologischen-Gärten rund um die Welt gehalten werden.

# RHEINISCH-DEUTSCHES KALTBLUT

Das Rheinisch-Deutsche Kaltblut, ein massiges, extrem muskulöses und gutartiges Arbeitspferd, erreicht eine Größe von 160-170 cm Stockmaß und kommt meist als Fuchs oder Braunschimmel vor, oft mit hellem Langhaar oder schwarz geäpfelt.

Die Rasse wurde vor etwa 100 Jahren als Arbeitspferd für die Landwirtschaft und die Schwerindustrie gezüchtet. Rheinische Kaltblutpferde sind frühreif und sparsam in der Fütterung, was sie zu Beginn des 20. Jahrhunderts zur beliebtesten und am weitesten verbreiteten Kaltblutrasse in Deutschland machte.

Diverse Rassen haben zur Entwicklung beigetragen, die Grundlage kam jedoch vom Belgischen Kaltblut.

## RUSSISCHES KALTBLUT

Diese Rasse stammt etwa aus der gleichen Zeit wie ihr deutsches Gegenstück und diente in Rußland ähnlichen Zwecken. Das Russische Kaltblut ist mit einer Größe von knapp über 142 cm Stockmaß das kleinste Kaltblutpferd, und Füchse, Braune und Fuchsschimmel überwiegen.

Sein gutmütiges Temperament und seine Lebendigkeit machen es zu einem sehr angenehmen Arbeitspferd. Das Russische Kaltblut ist langlebig und frühreif: Bereits mit 18 Monaten ist es voll ausgewachsen. Außerdem sind Hengste und Stuten oft noch in einem Alter von über 20 Jahren fortpflanzungsfähig.

# SABLE-ISLAND-PONY

Die Winter auf der baumlosen Insel Sable Island vor Neuschottland können sehr streng sein, und so ist es verwunderlich, daß dort überhaupt Pferde leben. Dennoch gibt es 40 bis 50 Herden vom Busch-Typus. Diese Tiere erreichen eine Größe von 140-150 cm Stockmaß, sind robust und drahtig und scheinen prächtig zu gedeihen, obwohl sie kaum anderes Futter finden als Gras. Die meisten sind dunkle Füchse, doch gibt es auch Rappen, Schwarzbraune, Braune und Dunkelschimmel.

Die Herkunft dieser Ponys ist ungewiß, doch vermutlich sind sie aus Neu-England zur Unterstützung von Siedlern auf die Insel gebracht worden.

## SALERNER PFERD

Das Salerner Pferd gehörte früher zu den Favoriten der italienischen Kavallerie; inzwischen geht seine Zahl jedoch beständig zurück. Es stammt aus den Gegenden um Salerno und Maremma und ist ein hervorragendes Reitpferd mit eher großem Kopf und kräftigem Rumpf. Sein Gebäude ist ausgezeichnet, und es weist einen auffälligen Widerrist auf. Seine Größe beträgt 160 cm Stockmaß, es kommt in allen Grundfarben vor.

Die Blutgrundlage der Rasse stammt vom Neapolitaner und vom Andalusier, später wurde Blut von Arabern und vom Englischen Vollblut eingeführt. Das Salerner Pferd ist als Reitpferd nach wie vor gefragt, auch wegen seiner natürlichen Begabung als Springer.

## SARDISCHES PFERD

Das Sardische Pferd ist klein, zäh und überschreitet selten eine Größe von 152 cm Stockmaß. Schwarzbraune
und Braune dominieren.

Das Pferd ist intelligent und trittsicher und zeigt eine
saubere, geradlinige Aktion. Als Reitpferd ist das Sardische Pferd sehr attraktiv, da es sich den meisten Anforderungen anpaßt, wie etwa denen der berittenen Polizei.
In jüngster Vergangenheit haben Sardische Pferde in der
italienischen Mannschaft an internationalen Spring-
wettbewerben teilgenommen.

## SCHLESWIGER

Der Schleswiger, benannt nach seiner schleswig-holsteinischen Heimat, kommt fast immer als Dunkelschimmel vor, oft mit hellem Langhaar. Die Rasse gleicht dem verwandten Jütländer, ist aber etwas leichter gebaut und vom Typ her dem Cob ähnlicher. Bevor der Straßenverkehr motorisiert wurde, war er als Zugpferd für Straßenbahnen und Busse sehr gefragt. Vom Temperament her ist er friedfertig und gutmütig, und er hat gute Bewegungen.

Der Schleswiger erreicht eine Größe von 152-160 cm Stockmaß, hat ein massives, kompaktes Gebäude, muskulöse Beine und leichten Behang. Sein Hals ist kurz, ragt von einem fast unmerklichen Widerrist auf und trägt einen Kamm. Der Kopf ist eher schlicht.

# SHAGYA-ARABER

Der weiße ungarische Araber mit seinem für die Linie des Seglawi-Araber typischen Exterieur ist strenggenommen nicht reinrassig, da einige für die Begründung der Zucht verwendete Stuten keine Araber waren.

Begründet wurde die Rasse 1816 im Armeegestüt von Bábolna, und zwar aufgrund eines Befehls, demzufolge alle Stuten von orientalischen Hengsten beschält werden sollten. Durch Geschlechtskrankheiten wurde das Gestüt um 1830 stark dezimiert, so daß der Kommandant, Major Freiherr von Herbert, mit fünf Stuten und neun Hengsten aus der arabischen Wüste neues Blut einführte. Das beste Tier war der weiße Hengst Shagya, der sich als fruchtbarer Stammvater erwies. Heutzutage dienen Shagya-Araber als Reitpferde.

## SHETLAND-PONY

Das Shetland-Pony ist nicht nur unumstritten die beliebteste Ponyrasse der Welt, sondern auch eines der reinrassigsten heimischen Pferde Großbritanniens. Seit 500 v. Chr. ist seine Existenz auf den Shetland- und Orkney-Inseln bezeugt, und zu dieser Zeit etwa wurde die Rasse auch domestiziert.

Shetland-Ponys sind winzig: Nur eine Größe bis zu 105 cm ist gestattet, und das kleinste gemessene war nur 65 cm hoch. Doch ihre Kraft steht in keinerlei Verhältnis zu ihrer Größe, und die Leistungsfähigkeit der Shetlands gibt immer wieder Anlaß zu Erstaunen. ›Manche Tiere, kleiner als die andern, erweisen sich als die stärksten‹ notierte der Geistliche John Brand im Jahre 1701. ›Es gibt

sogar welche, die ein kräftiger Mann hochheben kann, und doch werden sie ihn und seine Frau acht Meilen und wieder zurück tragen.‹ Sicher ist, daß im Jahre 1820 ein 90 cm großes Shetland-Pony einen 77 kg schweren Mann an einem Tag 64 Kilometer weit trug – die Aufzeichnung gibt allerdings keinen Aufschluß darüber, was der Reiter mit seinen Beinen anfing.

Es ist unbekannt, wie die Ponys auf die Inseln gelangten, doch es herrscht Übereinstimmung darüber, daß ihre geringe Größe auf das harte Klima und den Mangel an Futter zurückzuführen ist.

›Die Kälte, die Unfruchtbarkeit des Berglandes, in dem sie ihre Nahrung suchen, und die Arbeiten, die sie verrichten, mögen Anlaß sein, sie so klein zu halten‹ meinte Brand. ›Denn brächte man größere Pferde in diese Gegend, würden diese binnen kurzer Zeit degenerieren. Und so mag es sein, daß wir hier die Weisheit der Vorsehung sehen, denn auf den Wegen, die vielerorts sumpfig und nachgiebig sind, kommen diese leichten Pferde selbst dort voran, wo größere und schwerere einsänken. Recht behende springen sie über Gräben und bewegen sich selbst mit einem schweren Reiter auf dem Rücken leichtfüßig auf den sumpfigen Hängen.‹

Zum Schutz wächst den Shetland-Ponys ein dicker Winterpelz, und ihre Mähnen und Schweife sind so lang und buschig, daß sie Kopf und Hals beinahe verhüllen. Wenn die Inseln im Winter mit Schnee bedeckt sind, klettern die Ponys zum Strand hinab und fressen die vom Sturm angeschwemmten Algen.

Der Mensch hat Shetland-Ponys in allen erdenklichen Bereichen eingesetzt, vom Bergbau bis zum leichten Zug. Die lebhaften Tiere sind wegen ihrer Anpassungsfähigkeit auch für sportliche Wettbewerbe geeignet und geben aufgrund ihrer Größe ideale Reittiere für Kinder ab. Allerdings müssen sie sorgfältig darauf trainiert werden, den Wünschen der kleinen Reiter Folge zu leisten: Shetland-Ponys sind in der Regel nicht nur kräftiger, sondern auch intelligenter als ihre Reiter.

Shetland-Ponys werden in die ganze Welt exportiert. Besonders in Amerika sind sie sehr beliebt, und durch das milde Klima und gute Ernährung erreichen Shetland-Ponys dort eine Größe bis zu 1,15 m. Versuche, ihre Größe auf die der Insel-Shetlands zu begrenzen, haben bei einigen der kleineren Amerikanischen Shetland-Ponys zu massiven Deformationen geführt.

Alle Farben sind gestattet, wobei Schwarzbraune und Rappen am häufigsten vorkommen.

# SHIRE-PFERD

Dieses ist die größte Pferderasse der Welt und zugleich
eine der liebenswertesten. Das Shire-Pferd hat eine
durchschnittliche Größe von 170 cm Stockmaß, erreicht manchmal jedoch auch bis zu 180 cm Stockmaß.
Dennoch kann man es vorbehaltlos einem Kleinkind
anvertrauen.

England ist zu Recht stolz auf dieses schwere Arbeitspferd. Es geht auf das ›Old English Black Horse‹ (Alt-
englisches schwarzes Pferd) zurück, das wiederum von

den ›großen‹ mittelalterlichen Turnierpferden abstammt, die die Ritter in ihren schweren, polierten Rüstungen trugen. Als man die massigen Schlachtrosse für den Krieg nicht mehr benötigte, wurden Größe und Kraft des Shire-Pferdes durch Zucht noch verstärkt, um den Anforderungen von Landwirtschaft und Industrie zu entsprechen. Anscheinend wurde Blut vom Englischen Vollblut eingeführt, eine Erklärung für die aristokratische Erscheinung des heutigen Shire-Pferdes.

Diese Rasse verfügt über phänomenale Kräfte. Bei der Industrieausstellung im Jahre 1924 in Wembley, England, gelang es einem Zweiergespann, im Wettbewerb mit einer Zugmaschine ein Anfangsgewicht von

50,8 Tonnen von der Stelle zu bewegen. Das gleiche Gespann, hintereinander ins Joch gespannt, zog ein Gewicht von 18,8 Tonnen auf einer glatten, nassen Oberfläche, und zwar, noch bevor das zweite Pferd überhaupt richtig eingespannt war.

Obwohl im allgemeinen ein Niedergang der schweren Pferderassen zu beklagen ist, besteht wohl kaum die Gefahr, daß das Shire-Pferd ausstirbt. Es hat eine große Fan-Gemeinde, ist eine Attraktion bei Turnieren und als Brauereipferd sehr beliebt.

Das Shire-Pferd kommt als Rappe, Dunkelschimmel, Schwarzbrauner und Brauner vor, in der Regel mit Blesse und feinem, weißem Behang vom Sprunggelenk abwärts. Sein Temperament ist ausgesprochen ruhig und sanft.

## SOKOLSKER PFERD

Das Sokolsker Pferd, ein gutmütiges, warmblütiges Arbeitspferd aus Polen und Rußland, wurde besonders von den Kleinbauern seiner Heimat geschätzt. Es kommt in allen Grundfarben vor, Füchse überwiegen. Seine Größe liegt bei 150-160 cm Stockmaß. Die Schulter ist ausgeprägt und abschüssig, der Brustkorb umfangreich. Der Rücken ist gerade und eher kurz, die harten Beine weisen kaum Behang auf, und die Hufe sind lang und rund. Auf dem großen, langgezogenen Kopf sitzen bewegliche Ohren.

Das Sokolsker Pferd ist für fast alle landwirtschaftlichen Arbeiten und für den Zug gut geeignet, verfügt über eine kräftige Konstitution und ist in der Haltung genügsam. *Keine Abbildung.*

## SORRAIA-PONY

Das vom Typ her dem Tarpan verwandte, primitive Sorraia-Pony kommt aus dem Landstrich entlang des gleichnamigen spanischen Flusses und ist vermutlich verwandt mit dem Garrano aus Portugal.

Es erreicht eine Größe von 122-130 cm Stockmaß und kommt als Dunkelschimmel und Palomino, aber auch als Falbe mit dunklem Aalstrich und Zebrastreifen vor. Sorraia-Ponys sind zäh und finden auch auf dem kärglichsten Weideland genug zu fressen. Früher waren sie für die spanischen Kleinbauern von großem Nutzen, doch durch die Mechanisierung der Landwirtschaft sind die Zahlen stark zurückgegangen. *Keine Abbildung.*

# SPITI

Dieses kleine (120 cm Stockmaß) indische Pony lebt in den höchsten Regionen des Himalayas und dient auf den schmalen Gebirgspässen als Lasttier. Es ist relativ schwer gebaut und trittsicher. Darüber hinaus ist es reaktionsschnell, intelligent und unermüdlich, und wäre sein Charakter nicht zuweilen etwas schwierig, könnte es als Musterpony der Berge gelten.

Die Zucht liegt hauptsächlich in der Hand der Kanyats, eines Bergstamms, der seinen Lebensunterhalt in erster Linie durch den Verkauf von Spitis in benachbarte Länder verdient.

## SUFFOLK PUNCH

Dieses kompakte, schwere Arbeitspferd ist in der ostenglischen Grafschaft Suffolk heimisch und gehört zu den reinsten kaltblütigen Rassen. Es entstand vermutlich durch Mischung heimischer Pferde vom schweren mittelalterlichen Typ mit dem Norfolk-Traber und dem Norfolk-Cob. Der Suffolk Punch ist leicht an der typischen Goldfuchs-Färbung zu erkennen und erreicht eine Größe von 160-162 cm Stockmaß. Sein Körperbau deutet auf Leistungsfähigkeit und Kraft hin, und die Aktion ist in allen Gangarten sehr korrekt. Er ist extrem günstig im Unterhalt, langlebig und aufgrund seines zuverlässigen und gutmütigen Charakters äußerst beliebt.

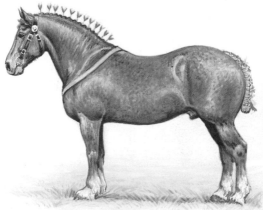

## SCHWEDISCHER ARDENNER

Der Schwedische Ardenner ist eine Kreuzung aus dem belgischen Ardenner mit der in Schweden heimischen Rasse. Die auffällige Ähnlichkeit mit der eingeführten Rasse kommt dadurch zustande, daß Klima und Lebensbedingungen des schwedischen Flachlands denen in Belgien gleichen. Allerdings sind Ardenner, die in kälterem Klima und bergigerem Gelände gezüchtet werden, lebhafter und bleiben unter der Normalgröße von 152-160 cm Stockmaß.

Der Schwedische Ardenner kommt als Rappe, Brauner, Schwarzbrauner oder Fuchs vor. Er dient heutzutage hauptsächlich als Zugtier in Gegenden, die zu kalt oder zu bergig für Motorfahrzeuge sind.

# SCHWEDISCHES WARMBLUT

Das Schwedische Warmblut (manchmal auch **Schwedisches Halbblut** genannt) kommt aus dem schwedischen Flyinge und ist ein hochwertiges Reitpferd. Es erreicht eine Größe von 160 cm Stockmaß; Füchse, Schwarzbraune, Braune und Dunkelschimmel dominieren.

Die Rasse wurde im Laufe der vergangenen 300 Jahre durch Kreuzung hochwertiger heimischer Stuten mit verschiedenen europäischen und orientalischen Reithengsten sorgfältig aufgebaut. Das ursprüngliche Ziel bestand in der Zucht eines perfekten Kavalleriepferdes, doch heute ist es ein hervorragendes Reitpferd für den Zivilgebrauch, das bei internationalen Dressur- und Springturnieren glänzend abschneidet.

# TARPAN

Der Tarpan ist der letzte Vertreter des primitiven Steppen-Typus, eines der drei Grundtypen, von denen alle Pferde- und Ponyrassen abstammen. Einige Exemplare leben heute noch halb wild in Reservaten nahe dem polnischen Popielno, einige findet man in Zoologischen Gärten. Allerdings ist die Echtheit der Rasse umstritten. Es gibt die These, daß die echten Tarpans vor etwa 100 Jahren ausgestorben sind und es sich bei den heutigen lediglich um nahe Verwandte handelt.

Sie erreichen eine Höhe von etwa 130 cm Stockmaß und haben die typische Färbung der Primitivrassen: Falben oder Mausgraue mit dunklem Aalstrich und gelegentlich Zebrastreifen an den Beinen. Unter extremen Bedingungen wächst ihnen ein weißer Winterpelz, der auch der Tarnung dient.

# TSCHENARANI

Beim Tschenarani, einem attraktiven, kühnen und ausdauernden Reitpferd mit einer Größe um 150 cm Stockmaß, handelt es sich strenggenommen nicht um eine Rasse, sondern um eine Kreuzung von einem Perserhengst und einer Turkmenischen Stute. Merkwürdigerweise erzielt man bei einer umgekehrten Kreuzung keine besonders guten Resultate, und wenn man zwei Tschenaraner untereinander kreuzt, erhält man sogar minderwertige Jungtiere.

## TENNESSEE WALKING HORSE

Zu Zeiten der reichen Plantagenbesitzer im Süden der Vereinigten Staaten tauchte der Wunsch nach einem Pferd auf, das lediglich zum Vergnügen gedacht war. Es sollte gute Manieren haben, elegant aussehen und in jeder Gangart gut und bequem zu reiten sein.

Aus diesem Grund wurde das Tennessee Walking Horse gezüchtet. Es hat eine herrliche Haltung, die durch fließendes Langhaar und den künstlich hochgesetzten Schweif betont wird. Von Geburt an verfügt es über drei ungewöhnliche Gangarten, die es zum bequemsten Pferd überhaupt machen. Der flache Schritt (›Flat Foot Walk‹) und der Rennschritt (›Running Walk‹) sind viertaktige Gangarten mit sanften, langen Bewegungen, und im Galopp hat man das Gefühl, auf einem Schaukelstuhl zu sitzen. Es erreicht eine Größe bis zu 160 cm Stockmaß; alle Grundfarben sind möglich.

## TERSKER PFERD

Der Tersker, ein russisches Pferd mit wundervollen Proportionen, basiert auf den älteren Rassen Strelets, Araber und Orlow und wurde in der ersten Hälfte dieses Jahrhunderts auf den Gestüten von Tersk und Stawropol im nördlichen Kaukasus entwickelt. In erster Linie führte man ihm Araberblut zu.

Fast alle Tersker sind von silbrigem Weiß. Sie haben große, ausdrucksvolle Augen, ein lebhaftes Auftreten und einen etwas fülligeren Körper als reinrassige Araber. Aufgrund der Eleganz ihrer Bewegungen sind sie als Zirkuspferde sehr gefragt, aber auch in den meisten sportlichen Wettkämpfen schneiden sie sehr gut ab.

Der Tersker ist kompakt und bei einer Durchschnittsgröße von 150 cm Stockmaß eher klein.

# ENGLISCHES VOLLBLUT

Das Englische Vollblut ist der Inbegriff des Rennpferdes schlechthin. Die Rasse entstand vor etwa 250 Jahren, und dieses schnellste Pferd aller Zeiten eilt auch heute noch von Erfolg zu Erfolg. Es ist mittlerweile so wertvoll, daß bereits untrainierte Einjahresfohlen für Millionen von Dollar gehandelt werden; der Preis für einen hochklassigen, preisgekrönten Junghengst übersteigt das Vorstellungsvermögen der meisten Menschen.

Das Englische Vollblut war nicht etwa das erste Rennpferd, es ist einfach nur das schnellste. Pferderennen gibt es schon seit Urzeiten: Die älteste überlieferte Anleitung, wie man sie trainiert, stammt aus der Zeit um 3200 v. Chr. Darin heißt es, man solle den Pferden zunächst das Wasser verweigern und sie dann loslassen, um festzustellen, welches als erstes die Tränke erreicht.

In Folge der römischen Besetzung Britanniens verbreitete sich der Rennsport auf der ganzen Insel: Die Patrizier ließen ihre Pferde in privatem Rahmen gegeneinander antreten, und an Feiertagen fanden auf den Marktplätzen Rennen statt. Selbstverständlich gab es Pferderennen auch in anderen Ländern. In Italien etwa wird in Siena seit dem Mittelalter das weltberühmte *Palio* veranstaltet, bei dem die Reiter auf ihren sattellosen Pferden rund um den Marktplatz jagen.

Der englische König James I. (1603-1625) war der erste, dem die Schnelligkeit eines Pferdes mehr galt als Kraft und Geschmeidigkeit. Er selbst bevorzugte zwar die Jagd, dennoch förderte er den Rennsport in Newmarket im ostenglischen East Anglia, wo sich sein Jagd-

schloß befand. Zudem unterstützte er die Einfuhr hochwertigen fremden Blutes zur Stärkung der Rasse.

König Charles II. (1660-1685) ging sogar einen Schritt weiter: Er war der erste englische König, der als Jockey in einem Rennen siegte. Es handelte sich um das als ›Newmarket Town Plate‹ bezeichnete Rennen, an dem sich auch heute noch jeder Einwohner der Stadt beteiligen darf.

Diese königliche Schirmherrschaft machte den Rennsport bald zum ›Sport der Könige‹, doch erst ein halbes Jahrhundert später betraten die drei orientalischen Hengste, von denen alle Vollblutpferde abstammen, englischen Boden: ›The Darley Arabian‹, der im Jahr 1704 von dem britischen Konsul in Aleppo nach England geschickt wurde; ›The Byerley Turk‹, den ein Hauptmann Byerley um 1680 in Buda eingefangen und in der Schlacht an der Boyne geritten hatte; und ›The Godolphin Arabian‹, der 1724 im Jemen geboren, dann vom Bei von Tunis dem König von Frankreich geschenkt und schließlich von Lord Godolphin erworben wurde. Diese Hengste wurden mit Rennstuten des englischen Landschlages gekreuzt. Alle Vollblutpferde unserer Zeit können in ihrem Stammbaum mindestens einen von ihnen vorweisen, teilweise sogar alle drei.

Die für die Geschichte des Rennsports im 18. Jahrhundert wichtigsten Ereignisse waren zum einen die Gründung des Jockey-Clubs, der sich später zum Zentralorgan der britischen Rennveranstaltungen entwickelte, und zum andern die Einführung des Derbys im Jahre 1780, das von dem Earl of Derby und seinem Freund, Sir Charles Bunbury, begründet wurde.

Im 19. Jahrhundert wurde der Rennsport so beliebt,

daß am Tag des Derbys keine Parlamentssitzungen statt-
fanden. Man bezeichnete das Derby als ›Blue Riband of
the Turf‹, und es war eines der wichtigsten gesellschaftli-
chen Ereignisse der Viktorianischen Zeit. Die Menschen
strömten zu Hunderttausenden zur Rennbahn und wet-
teten auf die Pferde. Damit waren dem Doping von
Pferden und kleineren sowie größeren Gaunereien Tür
und Tor geöffnet: Im Jahre 1844 gewann ein Pferd, das
unter dem Namen ›Running Rein‹ als Dreijähriger registriert war, doch von einem früheren Besitzer als wesentlich älteres Pferd identifiziert wurde. Das Pferd wurde
disqualifiziert, da es die Altersgrenze von drei Jahren, die
in den Statuten des Derby festgeschrieben ist, über-
schritt, und sein Besitzer strengte eine Klage an, um das
Preisgeld zurückzubekommen. Das Pferd wurde unter
polizeilicher Überwachung auf dem Stallgelände festge-

halten. Am Morgen des Tages, an dem Tierärzte der Aufgabe nachkommen sollten, das tatsächliche Alter des Pferdes festzustellen, ritt ein Mr. Francis Coyle auf seinem Hack in den Hof, um mit dem Trainer von Running Rein zu sprechen. Anschließend ritt er gemächlich wieder davon – sein Hack blieb allerdings bei den Ställen, und Running Rein ward nie mehr gesehen.

In der ersten Hälfte dieses Jahrhunderts waren Vollblutpferde so wertvoll, daß sie Englands fünftwichtigsten Exportartikel darstellten. Sie erzielten phantastische Preise, langfristig erwies sich die Handelspolitik jedoch als kurzsichtig: Heute müssen die Briten ihre besten Pferde für noch mehr Geld aus Nordamerika zurückkaufen.

Die Durchschnittsgröße des Englischen Vollbluts liegt bei 160 cm Stockmaß, die Größe kann aber zwischen 142 cm und 180 cm Stockmaß variieren. Braune, Schwarzbraune, Rappen, Füchse und Schimmel sind akzeptiert. Durch die langen Beine und den stromlinienförmigen Körper ist es nicht nur ein überragendes Rennpferd, sondern eignet sich auch für Vielseitigkeits-Prüfungen, obwohl es nicht die Ausdauer und Intelligenz seiner arabischen Vorfahren hat.

## TIBET-PONY

Das Tibet-Pony, auch **Nanfan** genannt, ist zwar nicht besonders anziehend, dafür aber ein nützlicher Gefährte der Tibeter. Obwohl seine Größe 120 cm Stockmaß kaum überschreitet, bewältigt das Pony die meisten landwirtschaftlichen Arbeiten und bewährt sich auch als

Last- und Reittier. Seine Beine sind kurz und kräftig, die Hufe wohlgeformt, und es ist robust und genügsam.

## TORISKER (TORGELSCHES) PFERD

Der Torisker stammt aus Estland und ist ein kräftiges Zug- und Arbeitspferd vom Cob-Schlag. Die Rasse, die erst 1950 anerkannt wurde, ist das Ergebnis von Kreuzungen des einheimischen ›Kleppers‹ mit diversen illustren fremden Blutlinien. Der Torisker hat einen langgezogenen Rumpf und kurze Beine fast ohne Behang. Er verfügt über eine gute Konstitution und über ein sanftes und energisches Temperament. Seine durchschnittliche Größe liegt bei 150 cm Stockmaß, und er kommt meistens als Fuchs, gelegentlich auch als Brauner vor. *Keine Abbildung.*

# TRAIT DU NORD

Dieses gutmütige französische Arbeitspferd ist massiv gebaut. Es erreicht eine Größe von 160 cm Stockmaß und kommt als Brauner, Fuchs oder Rotschimmel vor.

Der Trait du Nord ähnelt dem Ardenner, ist aber größer und schwerer. Er ist das Ergebnis einer Kreuzung von Ardenner und Brabanter. Da er aus der gleichen Gegend wie der Ardenner stammt, wird er manchmal auch als Ardennais du Nord bezeichnet.

## TRAKEHNER

Der Trakehner, ein sehr elegantes Reitpferd, wurde früher als **Ostpreußisches Warmblut** bezeichnet und ist das vielleicht edelste deutsche Reitpferd. Er erreicht eine Größe von 160-162 cm Stockmaß, erinnert an ein großes Turnierpferd vom Hack-Schlag und ist beweglich, kühn und extrem ausdauernd.

Die Rasse entstand 1732, als Friedrich Wilhelm I. von Preußen im äußersten Osten seines Reiches das Königliche Gestüt Trakehnen gründete. Durch die Grenzverschiebungen nach dem Zweiten Weltkrieg verblieben die meisten der 25 000 registrierten Trakehner in der Sowjetunion; nur etwa 1 200 Pferde wurden nach Westdeutschland evakuiert. Inzwischen gibt es erfreulicherweise in Deutschland wieder eine bedeutende Anzahl, doch auch in Polen wird die Zucht des Trakehners sorgfältig und fachkundig weitergeführt.

## TURKMENISCHES PFERD

Der Turkmene ist ein hochwertiges Pferd vom Wüsten-
schlag. Die Rasse ist sehr alt und existierte vermutlich
schon zu vorchristlicher Zeit. Die Altai-Nomaden, ein
Hirtenvolk am Rande der Wüste Gobi, hielten große
Herden von ihnen, und immer noch gibt es halbwilde
Turkmenische Pferde in den Steppen des heutigen Iran.

Heute wird der ebenso schnelle wie ausdauernde
Turkmene vor allem bei Langstreckenrennen eingesetzt. Hengstfohlen werden mit sechs Monaten eingefangen und zugeritten. Man trainiert die Tiere, indem
man sie lange Strecken in Decken eingehüllt laufen läßt,
damit sie sich das Fett herunterschwitzen. Als Einjährige
laufen sie erste Rennen, mit kleinen Jungen als Jockeys.

Seit 1971 stehen die Pferde unter dem Schutz der iranischen Royal Horse Society. Sie haben eine Größe von 150 cm Stockmaß.

## WJATKA-PONY

Der Wjatka ist ein stämmiges Pony vom nordeuropäischen Wald-Typ. Seine Heimat liegt an dem russischen Fluß Wjatka; heute wird er vorwiegend in der Udmurtenrepublik und der Provinz Kirow gezüchtet.

Wjatka-Ponys sind sehr robust und schnell im Trab. Auch für leichtere Arbeiten in der Landwirtschaft sind sie hervorragend geeignet.

Das Pony erreicht eine Größe von 130-140 cm Stockmaß. Falben und Schwarzbraune überwiegen, Dunkelschimmel oder Fuchsschimmel kommen vor.

# WLADIMIRER KALTBLUT

Das Wladimirer Kaltblut, ein schweres Arbeitspferd für
die Landwirtschaft, wurde in der ersten Hälfte des 20.
Jahrhunderts in Rußland gezüchtet und 1946 als Rasse
anerkannt. Es trägt sichtbare Spuren von Clydesdale-
und Shire-Hengsten, die eingeführt und mit heimischen
Stuten gekreuzt wurden; doch auch die Stämmigkeit von
Ardenner, Percheron und Suffolk Punch ist erkennbar.

Die Vertreter dieser Rasse sind frühreif und gute All-
zweck-Pferde. Die Größe liegt bei etwa 160 cm Stockmaß, und Braune mit den weißen Beinen und dem Behang des Shire sowie mit weißen Gesichtsabzeichen
dominieren.

## WALER oder AUSTRALIAN STOCK HORSE

Der Waler wurde im australischen New South Wales gezüchtet. Er entstand aus einer Mischung von niederländischen Pferden mit Araber- und Vollblutpferden und war mit seiner Größe von ca. 160 cm Stockmaß das bevorzugte Reittier der australischen Kavallerie. Über 12000 Waler wurden im Ersten Weltkrieg zu Kämpfen nach Palästina und in die Wüste Sinai gebracht; Tiere, die den Krieg überlebten, wurden aufgrund der scharfen australischen Quarantänebestimmungen getötet.

Dies ist der Hauptgrund dafür, daß die Bezeichnung ›Waler‹ nicht mehr verwendet wird. Heutzutage nennt man Pferde mit einer nahezu identischen Blutgrundlage ›Australian Stock Horse‹.

# WELSH PONY

Seit undenklichen Zeiten leben in Wales temperament-
volle, hübsche Ponys. Aufzeichnungen über ihre Zucht
existieren seit der Zeit Julius Cäsars, der angeblich am
Bala-See in Merioneddshire ein Gestüt mit Welsh Ponys
gründete und orientalisches Blut einführte.

Der Ursprung der Rasse ist jedoch ungewiß und ge-
spickt mit Mythen, was angesichts ihrer Attraktivität
nachvollziehbar ist. So neigten Übersetzer der lateinischen
Aufzeichnungen dazu, ›orientalisches‹ Blut als ›arabisches‹ auszulegen, vermutlich weil selbst der schwerste
Welsh Cob über das Feuer und die Anmut eines Arabers
verfügt. (Allerdings gehörten Araber nicht zu den Pferderassen, die den Römern bekannt waren.)

Es gab jedoch einen Einfluß von Arabern, allerdings
erst sehr viel später. In den letzten Jahrhunderten haben
mindestens zwei Araberhengste bei den Ponys gelebt.
Gesichert ist, daß der kleine Vollbluthengst ›Merlin‹,
der vor etwa 200 Jahren den Ponys in Denbigshire zuge-
sellt wurde, einen direkten Einfluß hatte.

Die Größe der heutigen Welsh Ponys reicht von unter
120 cm Stockmaß bis 132 cm Stockmaß; Welsh Cobs
sind mit einem Stockmaß bis 151 cm wesentlich größer.
Zwar haben diese Ponys das gleiche Erbgut, aber aufgrund
der Vielfalt der walisischen Landschaft – von Gebirge und
Moor bis zu geschützten, fruchtbaren Tälern – und wegen
der verschiedenen Bedürfnisse des Menschen gibt es Unterschiede zwischen den Pony-Typen, die durch selektive
Zucht verstärkt wurden. Um bestimmte Eigenschaften zu
betonen, führte man von Zeit zu Zeit fremdes Blut ein.

Die vier Typen der walisischen Rasse, die im folgenden vorgestellt werden, sind seit etwa 100 Jahren anerkannt.

## Abteilung A: Welsh Mountain Pony (Gebirgspony)

Dieser Typ eignet sich für Kinder und erreicht eine Größe von ca. 120 cm Stockmaß. Auf dem recht arabischen Kopf mit den großen, ausdrucksvollen Augen und dem konkaven Profil sitzen kurze, spitze Ohren. Die Kopf- und Schweifhaltung ist aufrecht, die Aktion frei und schnell. Der Körper ist muskulös, die Beine sind kräftig. Das Gebirgspony ist trittsicher, robust und intelligent.

Alle Farben, bis auf Schecken, sind akzeptiert, Dunkelschimmel, Braune und Füchse überwiegen.

## Abteilung B: Welsh Pony

Dieser Typ (120-132 cm Stockmaß) ist als Turnier-Pony äußerst beliebt. Er erscheint weniger eckig als das Gebirgspony, was vermutlich auf den Einfluß des bereits genannten Vollbluthengstes Merlin zurückzuführen ist; daher werden Ponys der Abteilung B bis heute als ›Merlins‹ bezeichnet. Das Exterieur gleicht eher dem eines kleinen Jagdpferdes als dem eines Hacks.

## Abteilung C: Welsh Pony im Cob-Typ

Typ C ist schwerer als Typ B und wird eher als leichtes Zug- und Arbeitspferd gezüchtet. Dennoch ist er nicht größer als 132 cm Stockmaß. Dieses Allzweck-Pony wird heute vorwiegend zum Pony-Trecking verwendet.

Mittelalterliche Vorschriften verlangten, daß ein Pony dieses Typs ›leichtfüßig, ein guter Springer, ein guter Schwimmer und in der Lage, ein beträchtliches Gewicht auf seinem Rücken zu tragen‹, sein sollte. Seitdem hat sich die Rasse nicht sehr verändert.

## Abteilung D: Welsh Cob

Dieses kräftige kleine Pferd stammt von dem Powys-Cob ab, einer Rasse aus dem 12. Jahrhundert. Trotz der

Größe von 132-151 cm Stockmaß deuten die Lebhaftigkeit und die eleganten Bewegungen auf eine Verwandtschaft mit dem Pony-Typ der Abteilung A hin.

Der intelligente, gutmütige Welsh Cob ist so vielseitig, daß er für die verschiedensten Aufgaben eingesetzt wurde. Seine Tage in der Landwirtschaft sind zwar vorüber, doch für seine zahllosen Anhänger ist er nach wie vor das beste Reit-/Gespann-Pferd der Welt.

## WIELKOPOLSKER PFERD

Dieses polnische Warmblut eignet sich sowohl zum Reiten als auch für den Zug. Es hat eine Größe von 152-162 cm Stockmaß, ist attraktiv und lebendig und bekannt für seine guten Schritte.

Die Rasse wurde aus zwei polnischen Warmblutrassen, dem Posener und dem Masuren-Pferd, entwickelt, deren Blutgrundlage wiederum von hochwertigen importierten Pferden kam.

## WÜRTTEMBERGER WARMBLUT

Dieses mittelschwere, relativ große Pferd (um 160 cm Stockmaß) vom Cob-Typ existiert seit fast 100 Jahren in Reinzucht. Der kooperative Württemberger ist in allen Bereichen, in denen es nicht um Schnelligkeit geht, äußerst leistungsfähig, so etwa beim Springen und Dressurreiten, als Karossier und Jagdpferd.

Die Idee, wie der Württemberger aussehen sollte, existierte lange, bevor das Pferd seine jetzige Gestalt erhielt.

Das Marbacher Gestüt, der Hauptzuchtort für Württemberger, wurde 1573 vom Herzog Christoph von Wirtemberg gegründet. Grundlage war die Kreuzung hochwertiger Pferde aus Ungarn und der Türkei. Der Sohn des Herzogs führte Andalusier und Neapolitaner ein. Später kamen Berber und Ostfriesen hinzu, und gegen Ende des 19. Jahrhunderts wurde Blut von Anglonormännern und von Trakehnern eingeführt.

## JAKUTSK-PONY

Diese Ponyrasse vom Primitiv-Schlag hat eine Durchschnittsgröße von nur knapp 130 cm Stockmaß, kann aber bei günstigem Klima eine Größe bis zu 140 cm Stockmaß erreichen. Nur wenige andere Ponys würden das Klima in Jakutien überleben, einem Landstrich, der sich bis nördlich des Polarkreises erstreckt und in dem einige der kältesten Orte der nördlichen Halbkugel liegen. Die Temperaturen fallen im Winter auf minus 69 °C, und im Sommer müssen Feuer angezündet werden, um die Stechmückenschwärme zu vertreiben, damit die Ponys in Ruhe grasen können.

Für die Menschen in diesem rauhen Land ist das Jakutsk-Pony unentbehrlich. Es dient nicht nur als Reit-, Last- und Zugpony, sondern auch als Milch- und Fleischlieferant. *Keine Abbildung.*

## ZEMAITUKA

Abgesehen vom Jakutsk-Pony ist dies vermutlich die zäheste Ponyrasse der Welt. Man findet sie in den unwirt-

lichsten Teilen Rußlands. Sie stammt von asiatischen Wildpferden ab und hat einen leichten arabischen Einschlag.

Diese Ponys überleben mit der allernotwendigsten Nahrung und unter den härtesten klimatischen Bedingungen. Dennoch sind sie imstande, am Tag bis zu 64 Kilometer zu laufen. Ihre Größe liegt bei 130-140 cm Stockmaß, und – wie bei der Abstammung zu erwarten – Falben mit dunklem Aalstrich sind vorherrschend.

# Glossar der Fachausdrücke

**Abzeichen** Angeborene Muster bzw. Verfärbungen von verschiedener Größe und Form, besonders an Kopf und Gliedmaßen. Siehe S. 227.

**Aktion** Die Art der Bewegungen des Pferdes (schwerfällig, kraftvoll, leicht usw.).

**Aufgeheizt** Leicht erregbare Pferde ›heizen sich auf‹.

**Behang** Behaarung der Gliedmaßen, besonders am Fesselkopf (Köte) und an der Hinterseite des Röhrenbeins (s. S. 225). Behang an den Beinen ist ein typisches Merkmal der Kaltblutrassen.

**Beschälen** Decken, begatten.

**Beschäler** Erprobter Zuchthengst.

**Bügeln** Schwenken der Vorderbeine in einer runden Bewegung nach außen.

**Exterieur** Körperliche Eigenschaften, Äußeres des Pferdes.

**Faßbeinig** Inkorrekte Stellung der Hinterbeine mit weit auseinanderliegenden Sprunggelenken.

**Fohlen** Jungpferd bis zum Alter von drei Jahren.

**Gangarten** Die drei Grundgangarten sind Schritt, Trab und Galopp. Daneben gibt es den Paßgang, den Tölt und diverse spezielle Gangarten bestimmter Rassen, die sog. Gangpferdrassen (z. B. den *paso fino* des nach dieser Gangart benannten Pferdes oder den *marcha* des Mangalarga). Beherrscht ein Pferd durch Vererbung mehr als die drei Grundgangarten (z. B. das American Saddlebred), spricht man von Fünfgängern.

**Gebäude**   Der Körper- und Knochenbau des Pferdes.

**Greifen**   Wenn das Pferd ›sich greift‹, berühren sich bei schnelleren Gangarten die Hinter- und die Vorderläufe.

**Güst**   Nicht tragend (bei Stuten).

**Gurtentiefe**   Umfang des Brustkorbes.

**Halbblut**   Internationale Bezeichnung für alle Pferderassen und -schläge, sofern sie nicht Vollblut, Kaltblut oder Ponys sind.

**Hechtkopf**   Pferdekopf mit konkaver Nasenlinie.

**Hengst**   Männliches, unkastriertes Pferd.

**Hinterhand**   Das Hinterteil des Pferdes; umfaßt Rükken, Flanken, Schweifansatz bis hinab zum Sprunggelenk.

**Kaltblut**   Eigentlich nur schwere europäische Pferde, die vom prähistorischen Waldpferd abstammen; aber auch alle schweren Arbeitspferde mit den typischen Rassemerkmalen. Den Kaltblutpferden fehlt das Feuer der leichten Pferde und Ponys.

**Kanter**   Leichter, müheloser ›Hand‹ galopp.

**Kardätsche**   Putzbürste.

**Karossier**   Starkes, elegantes Gespannpferd.

**Keilkopf**   Kopf mit gerader Nasenlinie.

**Kötenzopf**   Behang am Fesselkopf.

**Koppel**   (Paddock) Eingezäuntes Grasland von nicht genau definierter Größe. Die Einfriedung besteht für gewöhnlich aus Pfosten und Gattern, kann aber auch aus Hecken gebildet werden.

**Koppen**   Eine Unart, die durch Langeweile verursacht wird und nur schwer zu bekämpfen ist. Das Pferd schnappt sich ein Stück Holz – meist die Stalltür oder das Koppelgatter – und schluckt Luft. Wegen des Schadens, der dabei im empfindlichen Atemsystem der Pferde entstehen kann, ist es äußerst unerwünscht.

**Krone**  Rand oberhalb des Hufes.

**Langhaar**  Zusammenfassende Bezeichnung für Schopf-, Mähnen- und Schweifhaare.

**Maulesel**  Kreuzung aus Eselsstute und Pferdehengst.

**Maultier**  Kreuzung aus Eselshengst und Pferdestute.

**Pacer**  (engl.) Ein Trabrennpferd, dessen Schrittfolge paßähnlich ist, d. h., die Vorder- und Hinterbeine auf einer Seite bewegen sich zusammen.

**Pellets**  Gepreßtes Fertigfutter in Form kleiner Zylinder.

**Pony**  Alle ausgewachsenen Pferde unter 142 cm Widerristhöhe gelten als Ponys.

**Rahmen**  Proportionen des Pferdekörpers, also etwa das Verhältnis von Gurtentiefe zu Stockmaß, Vorderhand zu Hinterhand sowie Hals-, Rücken- und Kruppenlänge zueinander.

**Ramskopf**  Pferdekopf mit konvexer Nasenlinie.

**Säbelbeinig**  Ein Gebäudefehler. Die Hinterbeine bilden vom Sprunggelenk abwärts keine senkrechte Linie, sondern sind nach vorn stark gebogen.

**Scheuen**  Instinkt des Pferdes, der es dazu bringt, vor Unbekanntem oder Behältern jeglicher Art zurückzuschrecken und sich dabei z. B. aufzubäumen. Eine Bestrafung des Pferdes ist sinnlos und verstärkt die Angst nur noch.

**Schnüren**  Gang, bei dem das Pferd die Füße voreinander statt nebeneinander aufsetzt.

**Schweifriemen**  Am hinteren Teil des Sattels befestigter Gurt, der um die Schweifwurzel gelegt wird, um das Rutschen des Sattels zu verhindern.

# DAS EXTERIEUR DES PFERDES

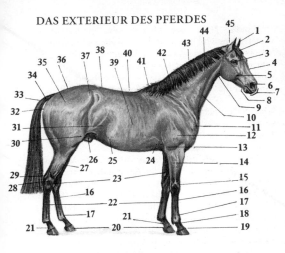

| 1 Ohr | 16 Röhrbein | 31 Flanke |
|---|---|---|
| 2 Schopf | 17 Fesselkopf | 32 Hinterbacken |
| 3 Auge | 18 Fessel | 33 Schweif |
| 4 Nase | 19 Kronenrand | 34 Schweifrübe |
| 5 Ganasche | 20 Huf | 35 Hüftgelenk |
| 6 Nüster | 21 Ballen | 36 Kruppe |
| 7 Maul | 22 Sehnen | 37 Hüfthöcker |
| 8 Kinnkettengrube | 23 Kastanien | 38 Lende |
| 9 Kehlgang | 24 Brust | 39 Rippen |
| 10 Drosselrinne | 25 Bauch | 40 Rücken |
| 11 Buggelenk | 26 Schlauch | 41 Widerrist |
| 12 Schulter | 27 Unterschenkel | 42 Mähne |
| 13 Ellenbogengelenk | 28 Sprunggelenk | 43 Mähnenkamm |
| 14 Unterarm | 29 Sprungbeinhöcker | 44 Hals |
| 15 Karpal- oder | 30 Patella | 45 Hinterhauptbein |
| Vorderfußwurzelgelenk | | |

**Stockmaß** Höhe des Pferdes vom Boden zum Widerrist; es wird mit einem unbeweglichen lotrechten Maß gemessen, das parallel zum Vorderbein steht.

**Striegel** Putzgerät für den gröbsten Schmutz.

**Stutbuch** Ein Buch, das vom Stutverband geführt wird und die Abstammungsnachweise einzelner Pferde festhält.

**Stute** Weibliches Pferd.

**Sulky** Leichter, zweirädiger Wagen für Trabrennen.

**Tänzeln** Das Pferd zappelt aufgeregt herum, hüpft dabei oder bäumt sich auf.

**Vollblut** Bezeichnung, die das Orientalische Vollblut, das Englische Vollblut und den Angloaraber umfaßt.

**Wallach** Männliches, kastriertes Pferd bzw. Pony.

**Warmblut** Bezeichnet die beiden Vollblutrassen (Englisches und Arabisches Vollblut) und die durch Einkreuzung von Arabern oder Vollblutpferden entstandenen Halbblutrassen.

**Weben** Das Pferd verlagert sein Gewicht rhythmisch von einem Vorderfuß auf den anderen und bewegt dabei beständig Kopf und Hals in einer webenden Bewegung hin und her. Unerwünschte Angewohnheit von Stallpferden bei Unruhe oder Langeweile; sie verhindert, daß das Pferd sich ausruht.

**Zelter** Mittelalterliche Bezeichnung für einen Paßgänger (s. **Gangarten**).

# Farben und Abzeichen

## FARBEN

**Albino**  Ein Pferd mit von Geburt an vollkommen weißem Haarkleid, rosa Haut und rötlichen oder blauen Augen (in den USA wurden jedoch auch dunkeläugige Albinos gezüchtet); verursacht durch Pigmentmangel. Sie werden auch als *Rosenschimmel* oder *Atlasschimmel* bezeichnet.

**Appaloosa**  Ein getupftes Pferd mit rosig-gesprenkelter Haut. Es gibt verschiedene Arten der Zeichnung, unter anderem:.

*Schabrackenscheck*  Weiß mit dunklen Flecken auf Lenden und Hüften.

*Tigerscheck*  Dunkle Tupfen auf weißem Grund.

*Marmorscheck*  Runde oder ovale Anhäufung heller oder dunkler Flecken; normalerweise stichelhaarig.

*Tropfenscheck*  Abzeichen in Form kleiner Tropfen.

*Schneeflockenscheck*  Weiße Flecken auf dunklem Grund.

**Braune**  Pferde mit braunem Deckhaar, schwarzer Mähne, schwarzem Schweif und schwarzen Beinen. Es gibt verschiedene Nuancen, Beine, Schweif und Mähne sind jedoch immer schwarz:

*Hellbraune*  Fast von der Farbe eines Fuchses, doch eher rot als gelb.

*Kastanienbraune*  Rotgoldene Färbung.

*Schwarzbraune*  Schwarzes Deckhaar, braune Nüsternränder, braunes Maul (Kupfermaul).

**Mehrfarbige** Alle Pferde, die Schecken oder Tupfen in mehr als zwei Farben auf einem andersfarbigen Untergrund aufweisen.

**Falbe** Ein Haarkleid in den folgenden Schattierungen, immer jedoch mit schwarzer Haut und schwarzem Maul, manchmal mit dunklem Aalstrich vom Widerrist bis zum Schweif, oft auch mit Zebrastreifen:

*Mausfalbe* oder *Mausgraue* Mausgrau, manchmal mit gelblichen Aufhellungen an den Beinen und am Bauch.

*Hellfalbe* Helles Ockergelb.

*Falbe* Ockerfarben.

*Dunkelfalbe* Dunkeltorfbraun.

**Fuchs** Füchse haben hell-bräunlichgelbes oder goldrotes bis dunkel-rotbraunes Deckhaar und gleichfarbiges oder helleres Mähnen- und Schweifhaar. Je nach Farbton bezeichnet als:

Lichtfuchs    Fuchs        Dunkelfuchs

*Lichtfuchs* mit hellerem Mähnen- und Schweifhaar, Fell tendiert leicht ins Weißliche oder Ockerfarbene.
*Fuchs* Deutlich rot- bis kastanienbraun.
*Goldfuchs* Rötlich-gelber Goldton.
*Rotfuchs* Deutlich rote Färbung.
*Dunkelfuchs* Farbe tendiert sehr ins Braune.
**Isabell** Ein Pferd mit gelblich-cremefarbenem Haarkleid bei rosafarbener Haut und gleichfarbigem, gelegentlich auch silbernem Langhaar. Die Farbe der Augen tendiert oft ins Rötliche und ist nicht sehr markant.
*Goldisabell* Goldfarbenes Fell mit einem metallischen Glanz und oft hellerem Langhaar.
*Isabell* Gelblich-weißes Haarkleid mit gleichfarbigem Langhaar.
*Weißisabell* Weißgeborene Pferde mit rosa Haut (berühmtes Beispiel: die Hannoveraner Isabellen).

**Brauner**    **Dunkelbrauner**    **Rappe**

**Palomino** Isabelle mit goldgelbem Fell und weißem Langhaar, das nur wenige dunkle Haare enthält. Weiße Körperabzeichen sind nicht erwünscht, werden an den Beinen jedoch akzeptiert. Das Maul ist braun oder schwarz.

**Pinto** Die nordamerikanische Bezeichnung für Rapp- und Braunschecken (auch dreifarbige).

*Overo* Weiße Flecken, die vom Bauch ausgehen und sich nach oben ausbreiten, dunkles Langhaar und dunkle Beine. Weißes Gesicht und helle Augen sind normal.

*Tobiano* Das Weiß geht vom Rücken aus, auf Kopf, Brust, Flanken und Hinterteil finden sich dunkle Flecken. Weiße Beine sind normal, ein weißes Gesicht nicht.

**Rappe** Ein vollkommen schwarzes Haarkleid (abgesehen von weißen Abzeichen) mit einer schwarzen Mähne und einem schwarzen Schweif. Man unterscheidet:

Dunkel-          Fliegenschimmel          Apfelschimmel
schimmel

*Sommerrappe* Ein Pferd, dessen Haarkleid im Sommer tiefschwarz, im Winter dagegen eher braunschwarz erscheint.

*Glanzrappe* oder *Kohlrappe* Ein Rappe mit einem fast bläulichen, glänzenden, ›kohlrabenschwarzen‹ Haarkleid.

Als *Winterrappen* dagegen bezeichnet man Braune, deren Haarkleid im Winter schwarz ist.

**Schecke** Ein Pferd mit größeren oder auch kleineren, unregelmäßig verteilten, braunen oder schwarzen Flekken auf weißem Untergrund *(Braunschecke, Falbschecke, Fuchsschecke, Rappschecke).*

**Schimmel** Schimmel werden nicht weiß geboren (Lipizzaner zum Beispiel sind bei Geburt schwarz), sondern im Laufe ihres Lebens immer heller, vergleichbar mit dem Ergrauen der menschlichen Haare. Die Haut

**Albino**          **Appaloosa**          **Tigerschecke**

**Rotschimmel**       **Falbe**       **Palomino**

ist bei ihnen normalerweise pigmentiert, so daß nur wenige Pferde (wie z. B. Lipizzaner) nach und nach wirklich total weiß werden:

*Fuchsschimmel* bzw. *Rotschimmel* sind bei Geburt fuchsfarben (in jeder Schattierung), und ihr Haarkleid behält zeitlebens einen rötlichen Ton (siehe **Stichelhaarige**).

*Braunschimmel* bzw. *Muskatschimmel* sind bei Geburt hell-, dunkel- oder schwarzbraun.

*Rappschimmel* bzw. *Grauschimmel* sind bei ihrer Geburt schwarz und können auch später insgesamt grau wirken.

Nach Ausfärbung können kleinere oder größere dunkle Flecken auf dem ganzen Körper entstehen, wobei man dann je nach Größe der Markierungen von *Fliegenschimmeln*, *Forellenschimmeln* oder *Apfelschimmeln* spricht.

**Weißisabell**      **Rappschecke**      **Braunschecke**

**Stichelhaarige**   Ein einfarbiges Haarkleid, das mit wei-
ßen Haaren durchmischt ist, auf einer dunklen Haut.
Beispiele:
*Rot-* oder *Fuchsschimmel*
*Rapp-* oder *Grauschimmel*

**Tigerschecken**   Pferde mit dunklem oder auch weißem Fell, auf dem über den ganzen Körper verteilt kleinere oder größere, runde oder ovale, weiße bzw. dunkle
Tupfen zu sehen sind. Der Name ist irreführend, da die
Zeichnung eher an das Fell eines Leoparden erinnert
und keinerlei Ähnlichkeit mit den Streifen des Tigers
aufweist.

## ABZEICHEN

**Aalstrich**  Ein durchgehender schwarzer oder brauner Strich auf dem Rückgrat. Er erscheint meist auf grauem oder falbem Haarkleid und ist ein Zeichen der Primitivrassen.

**Blesse**  Ein breiter, weißer Längsstreifen auf dem Gesicht.

**Blume**  Ein kleines, weißes und rundliches Abzeichen auf der Stirn.

**Flämmchen**  Ein kleines, weißes, unregelmäßiges und längliches Abzeichen zwischen den Augen.

**Flocke**  Ein kleines, weißes Abzeichen auf der Stirn.

**Keilstern**  Ein langgezogenes, keilförmiges, weißes Abzeichen auf der Stirn und zwischen den Augen.

**Krötenmaul**  Ein fleischfarbenes Maul.

**Laterne**  Eine Blesse, die sich bis über beide Augen erstreckt.

**Milchmaul**  Ein weißes Maul.

**Schnippe**  Ein heller Fleck auf der Oberlippe.

**Schnurblesse**  Ein langer, schmaler, weißer Längsstreifen auf dem Gesicht.

**Stern**  Ein sternförmiges, weißes Abzeichen auf der Stirn.

**Zebrastreifen**  Schwarze oder braune Streifen auf der Innenseite der Oberschenkel; kommt vor allem bei Primitivrassen vor.

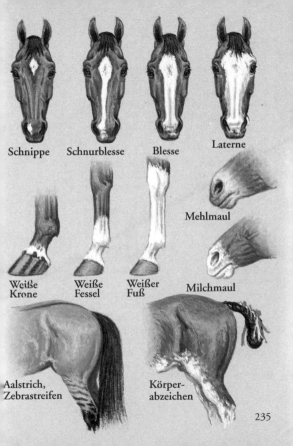

Schnippe    Schnurblesse    Blesse    Laterne

Mehlmaul

Weiße Krone    Weiße Fessel    Weißer Fuß    Milchmaul

Aalstrich, Zebrastreifen    Körperabzeichen

# Register

239